人を育てるファイターズの秘密

ガンちゃんだけが知っている本当の理由

プロ野球解説者
岩本 勉

朝日新聞出版

人を育てるファイターズの秘密

まえがき

今年、北海道日本ハムファイターズは創立四〇年目、北海道へ移転して一〇年目を迎えます。そして日本のプロ野球で初めての沖縄キャンプをスタートさせて三五周年、まさにファイターズは記念すべき二〇一三年を迎えました。

北海道に移転して一〇年、とひと言で言いますが、そこには言葉には言い尽くせない頑張りの歴史がありました。

思い出すと、「やっとみんなで、ここまで来たんだなあ！」という深い感慨とともに、「よくぞここまで大きくなってくれた！」という喜びが湧《わ》き上がってきます。

北海道に移転する前の準備期間には、当時選手会長をしていた僕も、フロントの方々と一緒に道内各地へ宣伝とお願いに回りました。

プロ野球が北海道に本拠地を置くというのも聞いたことがないし、そもそも「日本ハムファイターズって何？」と言われるような当時のことです。スーパーの中の広場でミカン箱の上に立ち、「みなさん、この度、北海道へ来る日本ハムファイターズです！」と声を嗄《か》らして叫んでいたことをなつかしく思い出します。

こうして何もかも手探り、未知の状態でスタートしてから、一〇年が経ちました。

今やファイターズは日本屈指の人気球団となり、北海道をはじめ全国に、心からの大声援を送ってくれる大勢のファンの人たちがいます。

たった一〇年でここまで歩んでこられたのは、球団関係者、選手たち、協力してくださった地域の人々、すべての力が結晶した偉大な成果であると思っています。

この一〇年の歴史、そしてファイターズの理念には、ファイターズのOBとして、またプロ野球解説者として、僕自身、深い共感と理解と愛情を感じるところです。

そして二〇一三年、ファイターズは注目のビッグルーキー、大谷《おおたに》翔平《しょうへい》を入団させたことによって、人々の圧倒的な関心を集めました。

僕はファイターズの歴史と体質をよく知る者として、大谷が海外メジャーより先にファイターズ入団を選んだことには、納得の理由があると思っています。それは、決して口説き落としたというような簡単なひと言で片づけられるものではありません。

大谷と家族、彼を支援する周辺の人々に、誠意を持って正面から向き合うことによって、皆さんの賛同を得た。

そこには北海道日本ハムファイターズとしての一〇年の歴史があり、歴史の中で築き上げてきた選手育成への自信があります。選手としてだけでなく、人として育ってほしい、ファイターズが責任を持って育てたい、という思いがあります。

大谷サイドがそこをよく理解してくださって、今日に至ったと思っています。

僕はこれまで、機会があると、各地でファイターズの北海道移転の苦労話、頑張っている選手の話などを、いろいろとお話ししてきました。

しかし、なぜ北海道日本ハムファイターズが一〇年という短期間でここまでの成長を遂げたのかという鍵、ファイターズの〝本当〟については、お話しすることがありませんでした。

それは、大谷選手と周辺の人々が、なぜファイターズを選んだか、という質問に対する答えでもあります。

この本では、初めて日本ファイターズの〝本当〟を書きたいと思っています。

お読みになれば、「なるほど」と思っていただけるでしょう。

また二〇一三年に期待する選手は、すべての選手がそうなのですが、これまで取材してきて、とくに自分なりに注目の選手をピックアップしたものです。

どの選手にも、苦難があり、努力があり、そして成功の輝きがあり、人生が見えます。

どうぞ、〝深い野球〟をお楽しみください。

人を育てるファイターズの秘密

～目次～

序章 なぜ大谷翔平の心が動いたのか

1章

ドラフト一位が伸びる育成システム

2章

わくわくドキドキのポジション争い

3章

ガンちゃんが推薦する七人のニューヒーロー

4章 人を育てるチーム方針とは何か

終章 “ファミリー”が常勝チームをつくった

ブックデザイン　長谷川理（フォンタージュギルド）
カバー写真　Photodisc/Getty Images

序章

なぜ大谷翔平の心が動いたのか

まさかのドラフト指名

二〇一二年のドラフト会議直前のこと、「へえっ、そうなのか！」と野球ファンたちを騒然とさせたのは、花巻東高校のエース・大谷翔平投手でした。

「どの球団があの大谷をとるか？」と関心が集まる中、一八歳の彼が、記者会見を開き、「アメリカのメジャーリーグへ行くのが夢で、日本の球団へは行かないので、指名しないでほしい」と表明したからです。

野球に関心のある方ならご承知の通り、大谷は時速一六〇キロ超の剛速球を投げる本格派右腕、打者としても高校通算五六本塁打を放った逸材です。一九三センチの長身であり、四・一秒台で一塁に走り込むという俊足の持ち主でもあります。

各球団が獲得に意欲を燃やしたのは当然です。ロサンゼルス・ドジャース、ボストン・レッドソックス、テキサス・レンジャーズなども面談に来ていると噂《うわさ》される中での、海外行き宣言ですから、国内の各球団は実に複雑な思いですよね。

彼の意志がそこまではっきりしている以上、指名・交渉の道は断たれた。

そう判断するのが普通でしょう。

ところがここで、あえて大谷を強行指名したのは北海道日本ハムファイターズでした。

世間は「あっ」と驚きましたね。「なんで、また……」「どうせ無駄なのに」「選手がノーと言ってるのに？」といったところでしょう。

だけど僕は、ファイターズを最もよく知る一人として、驚かなかったんです。

やっぱりファイターズは、今までのチームの方針を貫き通したんだな、と思いました。

大谷の意思表明で世の中は騒ぎましたけれども、いちばん騒いでいなかったのはファイターズだった、と僕は思うんですね。

大谷がメジャー挑戦の表明をしたのは一〇月二一日でした。

その翌々日の二三日、ファイターズは大谷をドラフトで一位指名すると公表したのです。

栗山英樹監督の、こんな言葉が印象的でした。

「大谷くんには本当に申し訳ないけれど、指名させていただきます」

そして二五日のドラフト会議当日、当然のことながらファイターズは単独一位指名で交渉権を獲得します。

びっくりしたのは大谷本人ですね。

「評価していただいたのはありがたいですが、アメリカでやりたいという気持ちは変わりません」と、緊張した表情で語りました。

後でわかったことですが、大谷は一八歳ながら、単純な憧《あこが》れだけで早期のメジャー挑戦を目指したのではなかったのです。

彼には、いつの日か、日本人初のアメリカ野球殿堂入りを果たしたい、という夢がありました。そのためには、最低一〇年はメジャーリーグに在籍していなくてはなりません。日本で技を磨くといっても、三〇歳近くになってからのメジャー挑戦では遅いのです。肉体的にピークといわれる二五歳頃を、メジャーでの活躍時期に合わせたい。そんな選手としての体力を見据えた上でのビジョンがあったので、決意が固かったのです。

そもそも指名に至る前から、ファイターズの大渕隆スカウトディレクターたちは面談に行っていました。高校から早期にメジャー入りして失敗した韓国選手の例なども話をしたそうですが、大谷の表情はピクリとも変わらなかった。やはり無理かな、という気がひしひしとしてきましたが、山田正雄ゼネラルマネージャーが、「自分が責任を取る」と言ってくれて、指名を決行したのだそうです。

前年のドラフト会議で一位指名をした菅野智之（現・読売ジャイアンツ）をとれなかっ

たので、今回またダメなら責任問題、という局面になっているような状況下での強行指名。とにかく交渉権を得たファイターズの人たちは指名挨拶《あいさつ》に岩手県にある実家へ赴きましたが、大谷は会おうとさえしなかった。

僕はファイターズの体質をよく知っていますが、そんなときでもなぜなんだとカッカしないのがファイターズです。あたふたすることなく、ごく自然に二回目の訪問となります。このときは大谷も両親とともに指名挨拶を受けました。

そのとき、よくよく大谷と話した結果、ファイターズの人たちは、彼の真意が掴《つか》めたと言います。前述したように、早期にアメリカに渡りたいといった理由は、パイオニアでありたいから。入団したらトップを目指したいし、長く活躍する選手でありたい、という意志もわかりました。

大谷資料の正しい見方

三回目の訪問には、ひとつの資料が用意されていました。一一月一〇日の日付で、三〇ページの資料です。

その資料で説明、説得した結果、彼の気持ちが変わったということで、資料の存在はすっかり有名になりました。

題して「大谷翔平君　夢への道しるべ　〜日本スポーツにおける若年期海外進出への考察〜」というものです。

僕もネットで公開されているものを読ませてもらいましたが、内容はむしろシンプルだと感じました。最初の部分だけ簡単に紹介しますと、「メジャーでトップの実力をつけたい」「トップで長く活躍したい」「パイオニアになりたい」という大谷くんの三つの希望があり、それを表にして答える部分があります。

そこを読むと、あえて若くしてパイオニアになることは選手人生を設計する上で決して得策ではなく、国内である程度、経験を積んだ選手がメジャーで成功している。そういった内容のものが客観的な資料をもとに説明されています。それは別に我田引水をするまでもなく、データが事実として明確に示していることなのです。

相手の立場に立って細心の注意を払ってつくった資料を、説明材料として持っていく。いわば親身な「プレゼン」ですね。その準備の充実が、大谷家の家族の方々や、彼を支える周囲の人たちをも納得させる材料になったのだと思います。

世間には、日本ハムは何か特別なことをして、とんでもない交渉をガッツリやって選手を獲得したのだろうと思う人もいるかもしれませんが、そうじゃないです。

むしろ山田正雄GMは、メジャーを悪く言ったり、否定することで若者の決意を変えさせるようなことはしたくない、という考え方でした。あくまで本人の意志で、来たいと思って来てもらえるようにしたい、と。

交渉に入るに際して、山田GM、栗山英樹監督、大渕隆スカウトディレクターらファイターズの人たちは、あくまで大谷の立場に立って考えることを貫こう、という方針を確認し合ったそうです。

彼の人生を決めることなのだから、決して「騙《だま》された」と思わせるような結果にはならないように、参考として、ドジャースのマイナーにいる日本人選手にも経験談を聞きました。何かマイナスの要素があればと思ったのですが、聞かされたのは自分たちにとって結構いい話。でも嘘のないように、それもそのまま伝えたそうです。

「道しるべ」を大谷家に置いて来た一週間後、四回目の訪問をしましたが、そのときも大谷の気持ちは摑めなかったといいます。でもご両親から、「息子のために、こんな厚い資料をつくってくださって」と感謝されたそうです。真剣さは伝わっていました。

そして次第に、周囲からも関係者からもファンからも、「ファイターズへ行ったほうがいい」という声が出るようになりました。

五回、六回と面談は重ねられ、栗山監督は、もし入団したら、と今後の育成方針も含めて、語り尽くしたといいます。本人にとって、いったん発表したメジャー宣言をひるがえすのは世間の目もあって大変なことです。しかし大人の意見として、一身上の決断なのだから変更があっても許されるはず、という話も出ました。そして六回目の訪問の一週間後、本人から「お世話になります」の言葉をもらったのです。

ファイターズの基本方針

山田GMの語録に「とれる選手でなく、とりたい選手をとりにいくのがファイターズのスカウティング」「リスクの前で尻ごみしない」とあるのを見てもわかる通り、ファイターズが新人選手を獲得するやり方には、ある一本の芯《しん》が通っています。

それは、この選手なら厳しいプロ野球界でも必ず活躍できるだろう、と誰もが認める素材、その年のアマチュアの中のナンバーワンを指名するという方針です。

チームは淡々と、二〇一二年にもこの方針を実行したにすぎないのです。

世の中は強行指名と思ったでしょうが、ファイターズ的には強行でもなんでもないんですね。それまでの方針に則《のっと》って、チームのポリシーを前面に出しただけなんです。

だから交渉権を獲得してからも、交渉に際してはただ誠意を持って対応するという、ごくシンプルな姿勢だったのでしょう。

たとえ相手が年若であっても、こちらは入団交渉に行ってお願いする立場、それは間違いないことですよね。交渉においてできることは、真摯《しんし》に誠意を伝えるという一事、それに尽きるのではないでしょうか。

その真摯さは、大谷本人だけでなく、家族の方々、そして大谷をサポートする関係者の方々にも、みんなに伝わっただろうと思っています。

そこには、ファイターズの理念ともいうべき精神があります。

世界的に優秀なホテルのホテルマンたちは、お客さんへのもてなしの心を忘れないための心得を記した「クレド」という紙を折りたたんでポケットに入れているそうです。

藤井純一前球団社長の『監督・選手が変わってもなぜ強い？』（光文社新書）を拝読すると、ファイターズも二〇〇九年にそのクレドを導入されたそうです。

「私たちは、北海道という大地を舞台にプロ野球（ファイターズ）というスポーツによって道民やファンの方々へ夢や感動を提供します」という言葉で始まるクレド「ファイターズ・スタイル」を見ると、その基本精神がよくわかります。

それは、既成概念にとらわれず、一人ひとりがファンサービスに徹していこう、という内容がわかりやすく書かれたものです。野球人として心得るべき当たり前のことが書かれていて、何度も見直しできるテキストになっています。

大谷との交渉の中で、ファイターズの人たちは、球団としての方針、その歴史、ファイターズが北海道に行ってからの九年間の歴史を踏まえ、「北海道日本ハムは、こんなチームなんですよ」と大谷やご両親に一生懸命に説明したと思うんですね。

ファイターズは二〇〇四年に未体験の地・北海道へ行って、必死に地歩を築いてきた球団です。僕も、移転前の選手会長として、スーパーの広場で声を嗄らして、「今度北海道へ来るファイターズです、よろしくお願いします！」と叫んでいたことを思い出します。

それがなんと、今や誇らしくもパ・リーグ優勝を何度も果たし、地元球団として熱烈に支持されるまでになりました。まさに熱い気持ちのこもった誇れる歴史ですよね。

そして、その歴史の中に、しっかりと結果を出している選手たちが実在するのですから、それは大谷本人を説得する際の球団の大きな強みになったでしょう。その強みが、日本ハムファイターズの自信だと思うんですよ。

「見てください、こんなにすばらしい選手がファイターズで育ってくれました。そこにはこんな信念があったんです」

データを出してみると、これは納得の数字ですよね。そういうことがごく自然に説得材料になったと思います。実の伴わない資料であれば、いくら見せても聴かせても、首を縦に振ってもらうなんてありえませんよね。

でも彼らには、これだけの〝育成〟という結果を、この九年できちんと出してきたのだから、ちゃんとわかってもらえるという自信はあったでしょう。

その一年前、二〇一一年のドラフトでもファイターズは同じようなことをしています。つまり、いちばん欲しい選手として、なんのためらいもなく菅野智之（現・読売ジャイアンツ）を指名しました。菅野は巨人の原監督の甥《おい》ですから、これは難しいでしょう。でもファイターズはそうした背景や先入観にとらわれることなく、自分たちが必要なのはこの選手だ、と認める菅野をまっすぐに強行指名しました。

うまくいかなかったのは、どんなに真摯に歴史と信念を語り、誠意をもって対応しても、縁故関係までも覆すことはできなかった、ということでしょう。そのあたりは、例外として事情をわかってあげたいところです。

でも、菅野を指名したことを間違いだったなんていう人は誰ひとりいません。ただ菅野サイドにこだわりがあり、最後まで交渉に応じず決裂になったわけですが、指名したことに間違いはまったくありません。

むしろストレートに意思を示した球団に感動して、「日本ハム、よくやった！」と絶賛する声が非常に多かったんです。

驚異のベースボール・オペレーション・システム

北海道日本ハムファイターズのドラフト指名の基本になっているのは、選手の評価と育成方針を生み出す「ベースボール・オペレーション・システム（通称ＢＯＳ）」というものです。それは、ニューヨーク・ヤンキースやアリゾナ・ダイヤモンドバックスとの業務提携でノウハウを学び、日本ハムが独自に開発して二〇〇五年に導入したＩＴプロジェクトです。

そのシステムでいちばん高く評価した選手を、ドラフトで指名していく。それがファイターズのポリシーで、菅野の場合も、そのシステムに基づいてきっちりと指名していきました。

菅野を指名したときに上がった歓声は、世の中の野球ファンが「それでよし！」と納得した気持ちそのままの歓声だったと思います。

あのとき、日本ハムの選手に対してだけでなく、フロントのファンがすごく増えたと思うんですね。「ハム、やるやないか！」みたいな。プロ野球では、選手のみならずチーム全員がファン獲得のために頑張るのは当然ですが、この場合はフロントの姿勢がファンの方々の心をくすぐったという、珍しい場面でした。

菅野、大谷両選手指名の基本になったこのオペレーション・システムについて、球団は揺るぎない自信を持っているようです。だからこそ、交渉に応じないことが懸念されたにもかかわらず、システムが割り出した選手を二年連続で指名した。このルールで間違いない、という確信があったのだと思います。

しかし、いくらシステムによる指名に間違いがなくても、実際に選手が入ってこなければ意味がありません。でもしっかりと獲得が功を奏している理由は、システムに加えて

〝人〟の力が働くからです。

システムを活用しているからといって、球団の人間関係が機械的ということはまったくありません。むしろ逆で、人間味のある、魅力ある人々がチームを支えています。

球団を支える〝人〟の魅力

僕が入団するときにスカウトをされていた、今の山田正雄GMも、そんな方です。ずっと長くチームを見守り続けていた人ですから、もうチームカラーそのもののような存在になっています。今回の大谷の入団交渉にも、スカウトとともに山田GMが行きました。チームカラーの象徴ともいえる人が交渉の席について話をするのですから、真意が伝わらないわけがないですね。言葉だけじゃなく、日本ハムの基本姿勢そのものが見えるわけですから。

僕が入団した頃、山田GMは関東エリア担当のスカウトをされていました。普段はとても温厚な方ですが、野球については並々ならぬ情熱を持って熱く語る方です。元選手で、二〇年以上ものスカウト経験を経てフロントに入った方です。

スカウトといえば人を見るエキスパートですね。人を見て何かを感じ、サポートする役割に徹し、結果としてその選手の人生をも変えていく。その人が交渉の席でかける言葉は、説得力そのものだったでしょう。

そして山田GMのすごいところは、選手だけでなく、チームの中の各ポジションの人、スタッフをも育てているということです。

チームの組織作りはそのひとつで、次々と新しいことを打ち出されている。僕は現役を引退し、野球解説者になって七年になりますが、「ああ、こんな新しいことをやっているんだ」と、いつも感心してるんですね。

ファイターズでは、ある部署にいた人が、しばらくすると「今度、部署がかわって、○○という部署で仕事をしています」と聞くことが多い。僕はいつも、「いろんなことをさせるんだなあ」と思いながら球場に出入りしていました。

それまで球団としては販売促進部、総務部、広報部、というふうにざっくりと分けてある感じだったんですが、もっと細かくしながら、その中でシャッフルしていろんな経験を積ませていく様子が、僕らにもわかりました。

誰と話しても、選手とフロントのあり方や選手とファンとのあり方など、よくわかっている。あの件の経緯はこう、という話も知っていれば、ファンの声も知っている。狭いポジションに固定せず流動的なので、一人ひとりが運営に携わる一員として全体像や方向性をわかっているのだと思います。

北海道に移転して高田繁さんがGMになるまで、ファイターズにはGMの制度がなかったんです。社長、代表、常務取締役ぐらいでしたが、GMの制度ができたことが力になり、ファイターズが強くなったと思います。

質問するスタッフから仕掛けるスタッフへ

僕は選手時代の最後の頃から、解説やコメンテーターなど外部の立場も含めて北海道移転後のファイターズを一〇年近く見ていますが、スタッフはたしかに変わったと思います。初め、北海道で立ち上げに臨んだスタッフたちは、選手にたずねることばかりだったんです。「ファンの人たちは何を望んでいるんでしょうかねえ」とか、「選手の人たちはどういうふうにファンと接したいんですか」とか。

それが最近は、選手たちがフロントの人に「ファンの人たちは何を望んでいると思いますか？」と逆に問いかけます。選手たちのほうから、ファンのために何かしたい、と望んでいる。この逆転はすごいことだと思います。

それだけいろんなカテゴリーに分かれたチームの人たちが、それぞれの視点から、ファンが本当に求めていることは何か、そのニーズにどう応えていくかを考えるようになってきました。そして時には失敗しながらも実行し、真正面からぶつかり合ってきた。

その歴史の中で、まず選手ありきで選手にお伺いを立てるだけだったチームから、選手が「オレ、何すればいいかな」と球団に協力的な発言をするチームにまで変わっていったのだと思います。

もうひとつは、フロントがなんでもやるんですね。パッと思いついたことを実行する、実行力のすごさですね。「えっ、そんなことするの？」というようなことでも、「やってみなければわからないだろう」とトライする、冒険心に溢《あふ》れた人が増えました。

例えば、コンコースを使って道内のご当地グルメを提供するフェスタがあります。つまり札幌ドームの敷地の利点、敷地を活用したアイデアなんですが、思いついた段階では何もわからないじゃないですか。実際に道内から材料を持ってきてくれるのか、果たしてお客は入るのか。でも、とにかくお店を出してくれそうな方面に声をかけて、根回しをして、いざ、やりましょう、となったんですね。

やってみると、なんと、これがバカうけでした。球場に近づくとイカやホタテを焼く匂いがプーンとしてきて、ご当地グルメのテーマパークみたいです。

ああ、いいな、お年寄りから子どもまで、男女すべての人に楽しんでもらえるプロ野球チームが育ってきた、と思ってうれしくなります。

これまで男性ファンが大半だったのに、女性をターゲットにできるようになったのは、まず女性のほうからこっちを向いてくれたからなんです。

そのきっかけは新庄剛志でした。それまでテレビの中の人だった新庄が、北海道のこんな身近で活躍してくれている。そこに女性ファンの気持ちが動いたんですね。彼もかぶりもので登場して笑いを取ったり、ファンの人に親しく接していましたからね。

そうこうしているうちに、球団にもニーズがわかってきました。ああ、女の人も野球が好きなんだ、野球を見たいんだな、と。

じゃあ、女性はおいしいものが好きだから、試合前に大いにグルメを楽しんでもらいましょう、応援も大声で楽しんで、ストレス発散してもらいましょう、となります。そこから、女性が主役のイベントがいろいろと考案されるようになりました。

そして驚くほど独創的なお楽しみが、いろいろと組み込まれるようになりました。「乙女の祭典」から「ＫＯＮＫＡＴＳＵ（婚活）シート」まで、これまでどこにもなかったさまざまな企画を実行したところがすごいと思います。

僕はファイターズのフロントは仕掛け屋だと思ってますもん。それを見て、他のチームがどれだけ参考にしているかということですよ。

藤井純一前社長は何をやったか

仕掛け屋という点でいえば、なんといっても藤井純一前社長の存在が大きいでしょう。僕もいろいろなところでしょっちゅうお話をさせていただきましたが、本当のアイデアマンです。やってみなければわからんよ、と賭《か》けに出るようなところがありますが、それはセレッソ大阪の赴任時代に培われたフロンティア魂《スピリット》ではないか、と思うんです。

といってもヤミクモに走るのではなくて、しっかり下調べをし、データを収集した上での決断です。ドイツのサッカークラブの運営ノウハウについてもよく研究されたそうですが、だからといってすべて日本に当てはまるものではないですよね。ドイツ人が求めても、日本人は求めないかもしれないのですから。ドイツを参考にしながらも、では日本人のサッカーチームとしてはどうすべきかを、よくよく熟慮されていたと思います。ファイターズにとって二〇〇四年が北海道元年で、藤井前社長のファイターズ入りが二〇〇五年、翌年社長。

強力なスタッフチームができたわけです。当時、僕は選手会長をしていて、移転する前から北海道に何回も足を運んでいました。フロントの方の中には、北海道に移転してから入られた人もあったし、それまで野球に絡《から》んでない人もいたんですね。

僕は移転準備の対策本部の人たちと行動をともにし、お話もよくしましたが、その中でまず聞かれたのは、「選手はどこまで協力してくれるんですか?」ということでした。

選手はどんな意識を持っているのか、事業への協力はどこまでなら負担にならないのか。そこがわからない、ということでした。

僕は選手の立場ですから、そのあたりはわかっています。もちろん、選手も物理的に可能なことはできますし、とくにオフシーズンは練習だけですから、早起きすれば午前中で練習は終わり、午後は全部ファンサービスに当てることも可能です。「でもそれが四日以上続くのはさすがにしんどいですね」というふうに、腹を割って話すことができました。

フロントの人たちは、いろんな選手からこういった意見を集めて、ベストなスケジュールを組んで催しを企画してくれました。その結果、ファンは選手とのイベントをすごく楽しんでくれましたし、選手もファンからのリアクションをしっかりと受け止めました。

選手たちは、「ファンはこんなに喜んでくれるのか！」と感動します。その喜びが、試合へのファイトになっていきますよね。

北海道に行った当初、フロントも選手もわからないことだらけでしたが、それはスポンサーさんも同様でした。北海道でのスポンサー探しのとき、僕たち選手もフロントについて行って「よろしくお願いします」と頭を下げたんですが、そこでスポンサーさんから出る言葉はずばり「選手はどこまで協力してくれるの？」でした。

「サイン会とか来てくれるの？」「どこまでコマーシャル、広告に協力してくれるんですか」ということが最大の関心事でした。僕たちはそこで、スポンサーの人が何を求めているかを初めて感じながら時間を過ごしたことになります。

野球がすごく好きで、「スポンサーになりますよ」と言ってくれる人がいるけど、どこまでの規模のスポンサーなのかわからない。そんな手探り状態の中で野球教室をやり、挨拶回りをやり、その後の会食にもつき合う。まさに営業について歩いた時期があって、僕たちはそこで、企業の人はこんな感覚でプロ野球という団体を見ているんだなあ、とようやく理解していきました。

プロ野球では、そうしたチーム外の人々の存在が、実は大きいのです。大谷の意志を変えた要因として、ダルビッシュ有や田中賢介など、ファイターズで実績を挙げた選手の存在は大きかったでしょう。でも僕は持論として、好結果を出すのは選手だけではない、と常々思っているんですね。

ある人々がチームに興味を持ち、試合を見に行くようになり、だんだん好きになってくれる。やがてその気持ちが高まって、ともに戦い、応援し、負けては涙を流し、勝っては笑ってくれるようになる。そういう人たちが力強い大きな集団をつくってくれて初めて、チームは強くなります。だから、ファイターズが選手獲得でいい結果を出しているのは、ファンの人たちの力なのだと思っています。

大谷への交渉でも、「見てください、この観客動員。味方になって一緒に戦っている人たちを見て、どう感じますか?」という思いで映像を見せたんじゃないでしょうか。見せなくても、見ていると思いますね。あれだけの応援の中で野球ができる幸せを、ぜひ味わってほしいものです。

「このグラフを見てください。これだけ選手も育っています。アメリカに行って羽ばたいてるんです」と説得したフロントの人たちや、栗山監督の力は大きかった。

でもそれに劣らず説得力になったのは、ファンの人たちだと思うんです。ファンに熱意が見られないチームに、入りたい選手はいませんよ。ファンの空気を感じた大谷は、この人たちの中で投げてみたい、バッターボックスに立ってみたい、と思ったんじゃないでしょうか。功労者は誰かと聞かれれば、「大谷を口説いたのはファイターズファンのみなさまです」という答えがあってもいいかな、と僕は思っています。

意外に大きかったファンの存在

ここで、ファイターズのファンについて少しお話ししましょう。

ファイターズファンの応援は独特だといわれます。

例えば二〇一三年のシーズンからオリックスに移籍することになった八木智哉投手にかかわるファンの話で、僕には忘れられない思い出があります。

八木は、入団一年目はすばらしい成績でスタートを切ったのですが、二年目からはすごい苦労をしたんですよ。記録にならないような味方のエラーに見舞われた不運が多かった。「いやあ、いい球投げてるんだけどなあ」と残念に思う状態が続いていました。

肩の故障もありました。その後、二軍生活が続き、僕は二軍のグラウンドで、リハビリの辛さに耐えながら、黙々とピッチングフォームの確認をしている八木の姿を遠くから見ていました。

ところで、僕はラジオなどの解説で、「もし八木がマウンドに帰ってきたら、目いっぱいの拍手で迎えてやってください。彼は必ず応えてくれます」と言っていたのですが、その翌年、彼は戻ってきたんです。

その試合当日です。僕は思わず、「もしラジオを聞きながら応援している人がいたら、ここで八木に声援を送ってやってください」と言ったんです。

その声が届いたのかどうか、直後にバタバタバタバタッと拍手の音がして、「八木がんばれっ、八木!」と声がかかったんですよ。

ハッとして、感動がこみ上げてきました。

もしかしたら、あれはファンの人たちの自発的な行為だったのかもしれません。でもタイミングはまさに僕の思いと発言に重なっていたので、ファンの人が僕の呼び掛けに応えてくれたのだと信じているんです。

八木はピンチを乗り切り、その日の試合に勝ちました。

「八木への声援、本当にありがとうございました！　一人、マウンドの上に立って、止まったボールに力を与え、野球を動かすピッチャーが、どれほどの孤独感に耐えて投げているか。その、孤独だと思ったときに、ファンの声援を受けて、一人じゃないんだと思えたときに、エクストラパワーが出るんです。これはマウンドに立っていた岩本が、実際に感じたことです」

その後のラジオ番組で、僕はそんなふうに気持ちを伝えることができました。

ファイターズファンの応援の独自性というのは、「味方のピンチのときに拍手が鳴る」ということでしょうか。

普通、応援というのは、打撃のとき、そしてチャンスのときですけど、ファイターズファンの応援はひと味違うんですね。

とくにファイターズのピッチャーが不利になるボールカウントになったときに拍手が出る。「斎藤、ここを乗り切るんだ」というような心の応援を、拍手や声援で送ってくれるんです。それは、ツーボールになったときにパンパン！　と拍手が鳴ることもあるし、スリーボールのときもあって、その場面によって違います。終盤になってランナーがいないときに鳴るかもしれない。その場面その場面で、ファンの人たちが判断してくれるんです。

阪神タイガースの応援も有名ですよね。交流戦の甲子園で、阪神の中継を常にやっているテレビ局の人たちと一緒に番組をつくったことがあります。その夜の打ち上げの席で、そのスタッフたちが言いました。

「びっくりしましたよ。ピッチャーがマウンドでツーボール、スリーボールになったときに、甲子園球場だとヤジが飛びますよ。たいていは『おまえならできるやろ、しっかりいけよ！』みたいなヤジなんだけど、どうも悪いほうの罵声《ばせい》が目立ってしまうんです。でもファイターズファンにはそれがないですね。『ここでがんばれ！』みたいな前向きな声援が起きるのが、不思議でしょうがない」

もうひとつ、ファイターズの応援の名物に、「稲葉ジャンプ」というのがあります。

あれは函館でしたか、道内の地方球場で試合があった日のことです。底冷えのする北海道ですから、じっとしていると寒い。ファンの人たちはみんな、その場で少し跳ねたりしながら待っていたのですが、そこへ稲葉篤紀がバッターボックスに立ったので、誰かがリズムをつけて跳ねながら「イナバ、イナバ！」と応援し出したんです。寒さしのぎのピョンピョンが、稲葉ジャンプの始まりになりました。

最後のひと押しのすごさ

北海道へ来て一〇年目、その間のチームの変化にはめざましいものがあります。社長が替わり、フロントも選手も成長し、それとともにファンの人たちも成長してきました。こんな例はほかにはないでしょうね。

最初はファンの方も、ほとんどは傍観者だったと思うんです。でも今は、元気の源みたいに思ってくれる人が多くなりました。ファイターズは、「オラが町の代表」として前に出て戦う、人々に役立つ存在になったと思います。

最初、ファイターズが見習ったのは当時のダイエーホークスでした。そのせいか、スタイルはちょっと違いますが、応援の熱狂ぶりはホークスに似ています。ファイターズが北海道に来て野球放送を開始するとなったとき、例えば北海道のHBCのスタッフは、同系列局であるRKB毎日放送へ野球の実況中継のノウハウを教えてもらいに行きました。

それ以来、ともにいい放送をしましょうということで、ずっとコラボです。試合が福岡であるときにはＲＫＢに制作してもらって、こっちの解説者を一人行かせる。ダブル解説でやってください、となります。札幌に来たときにはその逆です。

ダイエーからソフトバンクになったホークスですが、僕は福岡に行くたびにファンの応援に温かさを感じていました。投手がピンチになったときに拍手を送るとか、そういうところがファイターズのファンと似ているんです。

福岡でどこかへ食事に行くと、店のおっちゃんやおばちゃんが熱心なホークスファンなんですよ。ホステスさんも、もちろんホークスのことをよく知っている。

そして出てくる言葉が、選手のファーストネームなんです。小久保裕紀なら「ヒロキがねえ」、松中信彦なら「ノブヒコがねえ」という調子。まるで家族の自慢話をしているみたいなんですね。だから現役の頃、僕はそんな環境でプレーしているホークスの選手を羨《うらや》ましいな、と思ったものです。僕は「ガンちゃん」とニックネームで呼ばれるのが大好きで、選手時代にはそう呼ばれる自分を幸せ者だと思っていました。

でも北海道に移ってしばらくすると、いろんな人が話しかけてくるんですよ。「ケンスケは？」とか「ダイカンは？」とか、ファーストネームで。

「あ、来た、来た！」って感じですね。以前、福岡で「いいなあ」と思ったことを、今北海道で体験している。すっかり地域密着で、もうファミリーチームになっている。そう思って、メッチャうれしいです。

プロ野球はヤジが出て当たり前、アンチが出てこそ一流だと言う人がいます。ファイターズにはヤジがほとんどないと言われていますが、最近は少しヤジめいた声も聞こえるようになりました。でも、心ないヤジはないですね。

「応援しとんのやから頼むわ！」みたいな感じで声を荒らげる人も出てきたので、これは次のステップに行ってるな、と思って見ています。嫌いなら、見に来ないですよ。お金払って見に来てるんですから、やっぱりファンなんです。「ヤジも飛ばすけど、わかってくれよ！」という、その人なりの表現なのだと思っています。

いずれにしろ、こうした熱心で温かい大勢のファンがいるからこそ、大谷はファイターズ入団を決意したのだと僕は思っています。

そして、なんといっても最高の説得力になったのは、選手に対する日本ハムの姿勢でしょう。ファイターズには、ドラフト一位で獲得したダルビッシュ有を親身に育成した上で、きっちりメジャーに送り出したという実績があります。それが大谷の安心感になったでしょうし、現在、ファイターズで活躍している選手も存在感を示しています。

ところがなぜか他球団では、ドラフト一位選手が必ずしも成功していないのです。

ファイターズでは、なぜ成功しているのでしょうか。

次に、ファイターズに入ったドラフト一位組の歩みを個々に見ていきながら、ファイターズがどういうポリシーで選手を育てていっているか、僕なりの視点で綴《つづ》っていきたいと思います。

1章

ドラフト一位が伸びる育成システム

他球団と比べて何が違うのか

僕がファイターズの育成システムをすばらしいと思うのは、ドラフト一位で入団した選手のほとんどが期待通りに大成していることです。それほどの選手なら放っておいても大丈夫と思われるかもしれませんが、他球団の例を見ると、必ずしも成功しているとは限りません。

選手の育成方針について、ファイターズは独自の方針を持っています。

第一は、ルーキーの育成にはじっくりと取り組むこと。これは個々の選手のところで、後にくわしく解説します。

第二は、選手のコンディション改善に真剣に取り組むことです。

ファイターズは独自のオペレーション・システムによって、そのときにいちばん評価の高い選手をドラフトで指名し、レギュラー陣にするべく育成していくことをお話ししましたが、もうひとつ、トレーナー・コンディショニングのシステムがあります。

それは、怪我《けが》をさせないためのシステムなんです。

「いい選手だったけど、怪我ですっかりだめになっちゃったね」という話は、ファイターズではあまり聞きません。その秘密は、トレーニングコーチと、コンディショニング担当を分けたところにあります。

トレーニングコーチは、ボールを投げる、バットを振るなどプレー動作のトレーニングをサポートする従来型のコーチです。一方、コンディショニング担当は、体の内から出てくる瞬発力や持久力を高めることを集中的にケアします。

言い換えるとバランスを保ち、筋力パフォーマンスをきちんと発揮できる準備をするのがコンディショニング担当で、その力を具体的にどうやって使うかを指導するのがトレーニングコーチです。

ファイターズの本拠地がまだ東京ドームにあった時代には、元ハードルの選手で陸上のエキスパートだった勝崎耕世さんをコーチとしてつけていました。当時はコンディショニング担当という肩書がまだなくて、普通のコーチと同じユニフォームを着ておられましたね。その後、勝崎さんは中日ドラゴンズで長くコーチをされました。

僕らの現役時代にはまだ少なかったコンディショニング担当も、今は数が増え、トレーニングコーチと合わせて倍以上の一一人になっています。この数は他球団より多いのではないでしょうか。

具体的にはどうでしょうか。

調子の落ちた選手が復調できるよう、体調に合わせてプランを立て、トレーニングをします。

田中賢介や小谷野栄一が二〇一二年のシーズンに怪我をしましたが、あれはアクシデントでした。ここで言う怪我はアクシデントではなく、トレーニング不足や体力不足によって痛みを覚え、技術的パフォーマンスを発揮できなくなった状態をいいます。

デッドボールが当たったとか、チーム事情で疲労困憊《こんぱい》して痛みを覚えたとか、そういうことはありますが、それは誰が見ても、「ああ、あのときの事故」とか「投げすぎたもんね」とわかる故障です。

それ以外に選手には、「なんでここが痛いんだろう」「投げ方が悪かったのかな」というような悩みがつきものだったのですが、コンディショニング担当が生理学的に正しい指導管理をするようになって、そういうことの改善が図られました。

こうした配慮のもと、成功していった選手は数えればきりがないでしょう。

メジャーに挑戦ということではダルビッシュ有、田中賢介、その前には建山義紀がいます。活躍ぶりでは森本稀哲《ひちょり》、小谷野栄一、陽岱鋼《ようだいかん》、中田翔など。

二〇一二年のシーズンの外野のレギュラー陣、糸井、陽、中田はみなドラフト一位組で、陽岱鋼は、二〇〇五年のドラフトで、ソフトバンクと競合してファイターズがとったのでしたね。その陽も最初は絶対嫌だとこばんでいたのですが、今はファイターズに入ってよかったと言いますからね。

北海道へ移転した頃は、外野のレギュラー陣は、新庄剛志、稲葉篤紀、坪井智哉、三人とも移籍組だったんですよ。

でも新生ファイターズだったのが幸いして移籍感が薄く、伸び伸びと活躍してくれました。そこへドラフトでピックアップされた選手たちが入ってきて、追いつきたい、追い越したいという気持ちで頑張ってくれた。彼らは立派に成長し、いい世代交代ができていったのです。

そうした、ドラフト一位で入団した選手たちを紹介しながら、ファイターズの選手育成法について考えてみたいと思います。

二〇〇四年ドラフト一位 投手 ダルビッシュ有

今回、メジャー志望の大谷の意向を翻して入団させた件に関して、いちばん説得力があったのは、ダルビッシュ有の存在だと思います。

二〇〇四年、彼はファイターズからドラフト一位で指名されました。当然、将来は第一線に立ってほしいピッチャーです。しかしファイターズはその育成システムによって、まず二軍からのスタートとしました。

当時、一五年選手だった僕は二軍の生活が結構増えていた時期だったので、一年間、彼の姿を間近で見ていました。

その頃、僕は、甲子園であれだけ活躍したすばらしいピッチャーを、なぜもっと実戦のマウンドで活躍させないのかなあと不思議に思っていました。あれだけいいパフォーマンスを持っている彼を、なぜ即戦力にしないのか？　マスコミの混乱を避けるためかなあ、などと、同じピッチャーとしていろいろ考えましたが、理由はわかりませんでした。ファイターズの首脳陣は、彼の育成に関して、驚くほどのんびりと構えているように見えました。

しかし〝のんびり〟ではなく、〝じっくり〟だったんですね。まずじっくりと基礎体力をつけ、プロ野球選手としての時間の過ごし方を身につけさせる。

この方針については、スカウト、フロント、そして現場が、しっかり共通のマニュアルで対応していたと思います。僕らには見る機会もありませんが、スタッフ会議などでプログラムが組まれ、彼はそれを時系列通りにこなしていったと思うんですね。

今週はこれだけの強さで練習。来週はこう、今月はこういう目的がある、来月はいよいよ実戦のマウンドに立ってみようか、というように訓練のスケジュールが組み立てられていた。長年やってきた僕などは、自分で自分のやるべきことを見つけながら練習時間を過ごすという従来通りのスタイルだったので、彼を見ていて、時代が変わったな、と感じていました。

このじっくりと腰を据えた球団のアプローチは、見る見るうちに成果を表しました。彼にまれに見る能力があったことはもちろんですが、彼一人だけで成り上がったのではないでしょう。コーチが差し伸べる手があり、懸命に訓練に取り組む彼を見ていたチームメイトとの人間としての絆《きずな》があり、そういうすべてが基礎になって、大エースが生まれていったのだと思います。

「早く球を投げたい」と思う時期がきっと彼にはあったでしょう。でも球団は焦ることなく、じっくりと基礎体力を鍛え、アスリートとしての基本を植えつけていきました。専属とまではいきませんが、彼をしっかりと見守る担当のトレーナーもいましたからね。

新人選手は、扱い方によってはつぶされる可能性がないとはいえません。すごい投手が来たとなれば、誰もが早く実戦で投げる姿を見たいはずです。次々と敵をアウトで打ち取りながら、大活躍するゴールデンルーキーを早く見たいですよね。今は、期待、即実行となるチームが多いのが日本のプロ野球の現実だと思います。

でもそこで、ぐっと我慢して、その選手の今後を見据えた教育方針、育成方針をしっかり持ってそれを遂行してきたのが日本ハムだと思います。彼がファイターズ入りした二〇〇五年のシーズンはファイターズが北海道に移転して二年目ですから、人気を爆発させたいと欲を出せば、絶対に最初から使いたかったはずなんです。しかし、あえてそれをしなかった。

日本ハムの育成プログラムは、当時の監督ヒルマンがヤンキース時代に使っていたマニュアルが基本になっています。ヒルマン監督は準備期間中の選手に対して、適正なプログラムに基づいて本人の体と相談しながら、基礎力を作り上げていく方法を徹底させました。球団はそれを理解して、今後活躍する選手に対して適用していったのです。チームとして、はやる気持ちを抑え、我慢して育成するすべを身につけていったのだと思います。

ダルビッシュは二〇〇四年、自主トレ中に痛めた右膝の関節炎の影響で、一月の新人合同自主トレではドクターストップがかかっていました。練習開始の用意ドンから、「痛い痛い」だったんですよ。みんな、「大丈夫か、オイ」って言ってきましたからね。でもそのうち、「練習せえへんからや」「練習嫌いなんやろ」みたいな評判が流れるようになりました。でも実際は、成長期に伴う故障があった。

体がまだ成長期にあるとき、無理をさせてはいけないんです。人が見ていると頑張り過ぎてしまいますからね。球団はそれを案じて、二軍からじっくりと育成しようとした。チームトレーナーも、目を光らせて彼を管理していたと思います。

当然、すぐ投げさせたかったと思いますよ。キャッチボールをしていても、ビューンといい球を投げていましたからねえ。

彼の場合は、初めから投げてもそこそこの結果は出せたでしょう。でも、ひと月、ふた月すると、どこが痛い、ここが痛いと言っていたかもしれませんね。高校時代はまだ成長期で、関節もゆるいですから。それで正解だったのだということは、彼の成長を見てもらえばわかることです。

五月五日、二軍で先発初登板。六月に一軍昇格。広島戦の初勝利、僕は目の前で見ました。その年は完封勝利を含む五勝五敗。二年目は一二勝ですね。

トレーニングの仕方を教えるときは、こうすることによってスキルがどんどん上がっていくんだ、ということを本人に感じさせるようにします。彼自身、自分がどんどん成長していくことが楽しくなってきたでしょうね。どうすればより効果的かと、自分から熱心にトレーニング法を研究するようになっていきました。

最初は球団の方針として与えられたトレーニングですが、彼がしっかり自分を見つめることによって、さらに成長がうながされたことになります。

技術的にも精神的にも、成長するのだと信じてトレーニングを続けてきたダルビッシュに、さらに自分を育てようという意志が加わった。自分から、どんどん試練に挑戦していくようになりました。

そして三年、四年が経ち、精神面でも立派に成長したアスリート、ダルビッシュがいたわけです。

今やダルビッシュ有の名は、世界中で知られるようになりました。

話は戻りますが、ダルビッシュがファイターズ入りすることになったドラフトは、抽選じゃなくて単独指名だったんですね。

彼は有名な選手でしたけれど、なぜそれをファイターズがとれたか。実は、噂でちょっと敬遠するチームもあったんですね。高校時代には肩とかあちこちが痛いということで、よく途中降板していましたし、また、ヤンチャな素行の部分でも噂はあったんですよ。

それでもファイターズのマニュアルの中には、それを更生させるだけの自信があったんだろうと思いますね。

それと、スカウトの目利きがたしかだったと思うんです。経験豊富なスカウトが、何回も彼に会って目の奥を見る。そこに、今は成長途上の難しい年頃だけれど、やがては必ずわかる男になってくれると、確信が持てたのではないですか？

このようにダルビッシュの場合は、球団が育成システムできちっと育てながら、意識革命を起こさせたことが大きかったと思います。

意識革命とは、自分をつくるのは自分だ、としっかり認識することです。ダルビッシュはメジャーへ行く前あたりから、投球だけでなく、体もメジャーで遜色《そんしょく》のないように自分で自分をつくり上げていきましたからね。

その人間の将来まで見据えた適切な指導が、本人の底力を目覚めさせ、大輪の花を咲かせる。ダルビッシュ有の場合は、その最も良い例だと思います。

二〇〇六年ドラフト一位　投手　吉川光夫

吉川光夫は左の本格派で、彼を見た当時のヒルマン監督が「早くマウンドに上げたいね」とほれぼれするぐらいの選手でした。結構、馬力のあるピッチャーで、高校を卒業して入団してきたのですが、スタート時から別にどこかが痛いということもなかった。そのため、球団はダルビッシュほどじっくりではなく、できる部分からどんどんトライさせる方針をとりました。

調子を見ながらマウンドに上げ、頑張り過ぎているところは、大人の指導者たちが整えていくという形でしたね。

二〇〇七年、新人の年の五月に初めて一軍に昇格し、その年に四勝しているんですね。しかしそれからなぜか不調におちいって、ずっと戦線から離れることになりました。

当然、コンディションを整えることが必要になります。そのために育成システムがあるわけですが、マニュアルはすべて同じじゃないんですよ。この選手にはこれが適しているだろうという対策を、スカウト、フロント、スタッフ、現場の監督、コーチ、すべての人が集まって、選手一人にすごく時間をかけてミーティングをするんです。既存のシステムをもとに、どういう方針で彼をトレーニングしていこうかと。

僕も現役のとき、スタッフが「今日は誰と誰についてミーティングをするんだ」と言っているのをよく耳にしました。経験豊かなスタッフたちが顔を並べて、この選手をどうしようかと、一人の選手に時間をかけて目いっぱい話し合うんです。

その結果、出来上がったプログラムで、この選手はこうやって育成しよう、今年はこんなトレーニングでいき、本始動はいつ頃を目途《めど》に、などと決めていくわけです。

そこには野球経験者もいますが、野球を客観的な観点から見る人まで参加して意見を出し合いますから、莫大《ばくだい》な情報量の中でプログラムが出来ることになります。

しかし吉川の場合、それでもなかなか芽が出なかったんです。手間暇かけて練り上げた、その選手専用のマニュアルであっても、人の心の中まで操作することは難しい、ということだと思います。やる気を出せ、と言って出るような簡単なことではないんです。

最初、ルーキー吉川は何もわからない状態で突っ走り、四勝という勝ち星を挙げました。

しかし一回のコントロールミスでこんな大きな失敗につながる、ということも実体験して、考え込むようになってしまった。頭でっかちになって投げることに支障をきたし、その打開策もうまくいかなかったんです。

そんな折も折、梨田新監督が入って来ました。その新しい風が彼には向いていたと言いますか、頭の中に詰まっていたものが全部〝解凍〟していったようです。

それからは、一つのアウト、一つのイニングがどんどん自信となっていきました。「弱気は最大の敵」と言いますが、それからの彼はネガティブな考えをまったく出さないように自分をコントロールしていったのだと思います。

速球も回復し、二軍ではもう勢いで抑えることができるようになっていた。そして二〇一一年のシーズンには、イースタン・リーグの投手三冠王に輝きました。

次の年はそれが自信となって、一軍昇格です。ずいぶん遠回りをしたけれど、今までやってきたことは間違いではなかった、彼はそう思ったことでしょうね。高校卒業から五年も経ってしまった、と思うでしょうが、大卒なら二年目ですから全然大丈夫ですよ。むしろこの試練が彼を育てたわけで、二〇一二年シーズンの活躍が答えを出してくれたといえるでしょう。つまり、同じドラフトの高校生一位でも、すぐに開花する選手もいれば、そうでない選手もいる。

二年、三年といる間には、徐々になんらかの成長を見せなければいけません。まったく成長できずじまいだと、二、三年でクビになる選手もいますから。

吉川の場合は一軍に上がってもフォアボールで崩れたわけで、その苦しさは僕も見ていてよくわかりました。でも二軍で結果を出すことができた。それは何度もマウンドで投げる経験を積むしかないんですよ。一度自信を失ってコントロールの回路が狂ってしまうと、それしか方法がない。二軍でどんどんちぎっては投げ、ちぎっては投げ、毎日のようにマウンドで投げる。吉川はそうやってスランプを吹き払うことができ、二〇一二年のシーズンには一四三八日ぶりの勝利の後、大ブレイクとなりました。リーグ二位の一四勝で、最優秀防御率を記録、最優秀バッテリー賞、ベストナイン、パ・リーグ最優秀選手（MVP）と、タイトルをほぼ総なめですからね。

吉川のルーキー時代、いきなり勝ち星を取ったので僕は楽しみに見ていました。毎年、今年こそ吉川は来るぞ、と思い、公言していましたがなかなか来ない。しびれを切らしてピッチングコーチに質問しました。コーチはご承知の通り、フロントやスカウト、GMも入った育成ミーティングの一員ですから。コーチの返事は毎年同じ、「良くなってきている」でした。忍耐強い育成でしたね。その、良くなってきているという右肩上がりのゆるやかな傾斜が、最後には急勾配《きゅうこうばい》でどーんとステップアップしたわけです。

球団の方針としては、とにかく二軍で経験を積ませることで、自分はこれだけたくさん投げられるんだと、体力的実績を積ませていったんですね。

ただし、大卒のピッチャーの場合は少し対策も違うようです。大学野球で実績を挙げてきた選手たちは、アマチュアの中では、やや、お山の大将で自信を持ってやってきています。そんな選手たちがそのままのイメージでマウンドに上がってくれると、怖さを覚える前に成績を残すこともできるんですよ。うまさも持っていますからね。

だから即戦力とうたわれる大卒のピッチャー、八木智哉とか斎藤佑樹とかは、いきなり実戦に出すことが多いです。自分がどれだけできるか、まず感じて来いと。一〇代では無理でも、その年齢に達していれば、何か感じて足りない部分があれば、自分の頭の中で整理整頓できるはずだ、ということですね。自分で考えさせる時間が多いと思います。

しかし高卒でまだ若く、成長期間がまだ残されている選手であれば、あくまで焦らず、内在する実力と精神力が熟成してくるのを待つ。そんな球団の忍耐ある育成が、見事に活かされたのが吉川の場合だと思います。

二〇一〇年ドラフト一位　投手　斎藤佑樹

彼の場合、ご存じのように、特別世の中から注目される人気のピッチャーでした。

彼が一年目から思う存分野球に没頭できたかといえば、そうではなかったと思うんですよ。どこに行っても人がいる。プライベートの時間なんて、ドアを閉めた部屋の小さな空間だけだったと思うんですね。今思えば、ちょっと気の毒な気がします。

球場にいるときは、コンディショニングコーチやピッチングコーチとともに、技術の向上を求めて取り組む姿がありました。しかし、なかなか落ち着いて野球に取り組める環境ではなかったと思います。そんなふうに注目を浴びながらでも、一年目のシーズンは勝ち星を挙げて六勝六敗。最初から六勝を勝ち取れるとは大した肝っ玉の選手だと思いました。

彼に対しては育成というよりも、彼が心おきなく野球ができる環境づくりをすることが課題になってしまいました。しかもそれが難しいことだったので、チームはそのことに力を費やしてしまった感じです。

野球技術については、周りのコーチや近くにいる人から話を聞くと、彼にはある種の固定観念が強いようですね。甲子園、大学とあれだけ華々しい成績を残してきたピッチャーですから、頭の中に、こうすべきなんだ、というピッチング論を持っている。そのあたりを柔軟に変えられるよう、試みてはいると聞きました。

そもそもプロの野球選手は、技術についてこだわりがある。そのこだわりでいい結果が出れば言うことはありません。でも実際に負けが重なったり、思い通りの結果が出ないとなれば、そこは柔軟に聞く耳を持ってもらって、バージョンアップに繋《つな》げたい。ここ二年間のコーチ陣の思いは、そんなところだったでしょうね。

二〇一二年、彼は二年目のシーズンで開幕ピッチャーに抜擢《ばってき》され、いいスタートを切りました。そこで勝ち星を挙げ、意気揚々とシーズンに臨んだのですが、二〇一二年の暮れに肩を痛めてしまい、リハビリに入ることになってしまいました。

一年目はあれだけの大騒ぎの中で六勝の勝ち星を上げ、給料も上がって、二年目に開幕投手を任された。僕は、そこにはすごく意味があったと思うんですね。

一年目は勝つために、自分なりにこだわりを持つ方法で、そのまま表現してくれればいい。でも二年目になって中心的存在となったのであれば、チームを引っ張っていくために自分のことプラス、チーム全体を見る存在にならなければいけないんです。球団側の扱いには、そういうメッセージが込められていたと思うんです。

他の意見にも聞く耳を持ち、目配り、気配りのできる人間に成長する。それがピッチングにも活きてくるような、野球人に育ってほしい。球団は斎藤の将来にそんな期待を持っていると思います。

二〇一二年、長く二軍に置いたのも、育成のためのひとつの方針だったでしょう。人気選手でしかも開幕投手ですから、普通はなかなか落とせませんよ。それも長期的な視野で考えてのこと、シーズン中なのに、自分をもう一度見つめ直す時間を与えてもらったような感じですからね。苦しくても、その中で得るものが何かある。彼自身も、そこで何かを感じたと思います。

そういった悔しさも覚えて、二〇一三年です。彼が肩の故障も克服して、さらなるブレイクに向けて、意地を見せてくれることを期待しています。とはいっても、まだ肩が治っていません。当初、どうにも痛みが取れずに精密検査をしたところ、右肩関節唇という軟骨部分の損傷であることがわかりました。手術をするべきか、どうかとなったのですが、結局、リハビリで治そう、という結論に至りました。

実は同じ関節唇の損傷を、僕も体験しているんです。僕もリハビリを選んで、約半年後にはマウンドに帰り、完投勝利しています。僕は自分の体験を、すべて斎藤に話しました。リハビリのことも知っている限り話したところ、彼は「僕もトライしてみます」と答えていました。やはり手術は避けたかったんですね。

二軍のキャンプ中、僕は真剣にリハビリに取り組む斎藤の後ろ姿を見たんです。もう、涙が出て仕方がなかったです。リハビリの辛さは、よく知っていますからね。リハビリは、誰にも打ち明けられない、自分との闘いなんですよ。辛い時間が、長く長くのしかかってくる。ボールを投げたくて、なったプロ野球選手なのに、球を投げられないほど辛いことはないです。もどかしくて、もどかしくて、そのストレスは計り知れません。

しかし、それこそが試練だと思います。もう一度、自分の野球選手としてのあり方について、自問自答する機会でもあります。その試練を乗り越えたとき、自分では想像もできなかった光と感動が待っています。

再び爽《さわ》やかな笑顔で勝ち星を挙げ、日本ハムピッチャーの中心選手となってくれる日を待っています。僕は絶対的に斎藤を応援し、見守っていきたいと思っています。

二〇〇三年ドラフト自由獲得枠　野手　糸井嘉男

糸井嘉男と一緒にプレーしていた僕は、彼が入団したときから、球団はバッターか、ピッチャーかで迷っていたと聞いています。決断したのは高田繁ＧＭだったんですね。

藤井前社長の著書を読むと、野手に転向させた高田ＧＭの目利きの強さを挙げています。

考えてみれば、入ってきたピッチャーがいきなり一五〇キロ以上の球をばっちり投げたら、どうしたってマウンドに上げたいですよ。一五〇キロ以上を常時投げられるピッチャーなんて、そうはいないですから。

かつて中日ドラゴンズの剛腕ピッチャーだった与田剛さんのようになるのでは？　と期待を寄せられるほどの逸材でした。

ところが糸井は現実として、速い球は投げるものの、細かいコントロールに苦しまなければなりませんでした。

彼は心を病むくらいに落ち込んで、暗い表情で球場に立っているときもありました。でも、もう一つの可能性を持っていたことが、すごい強みだったんです。

ピッチャーのトレーニングで外野を走っているとき、びっくりするほど速かった。「あれ、どこの陸上選手?」と思うほどの足の運びを見せていました。

さらにウエイトトレーニングでも、補強トレーニング、バランストレーニング、すべての分野で、誰よりもずば抜けた能力を発揮している姿がありました。

球団は、やはりピッチャーとして大成してほしいと思っていたので、かなりの間、マウンドに立たせていたんです。

でもあるとき、あまりにも彼の表情が冴《さ》えないので、気分転換の意味でも「一回バットを握ってみないか?」ということになった。そしてバットを振ったところ、とてつもないバッティングを見せたんです。練習場にはホームランのフェンスがあり、その向こうに防御ネットがありますが、その上に二、三発グワーンと打ち込んだんですからね。

それから彼はポジション転向で野手になったんですが、ずっと表情が冴えなかった。そこで僕は、本人に「なんで浮かない顔をしてるんだ?」と聞いたんです。そしたら「岩本さん、僕はピッチャークビなんですかね」と言う。

それは僕もよくわかるんですが、一度マウンドに立ったことのある人間には、投げ手、ピッチャーとしてのプライドがあるんですよ。僕は先輩として、彼がこのままピッチャーを続けていれば、能力も持っているし、アウトの取り方やイニングの重ね方などコツをつかんで、勝ち星も取れるピッチャーになるだろうと思っていました。

「でもそれ以上に、君を近くで見ている野球経験豊かな人たちが、糸井嘉男がもっと能力を発揮するには、バットマンが最適だと判断したんだよ。何もピッチャーがクビとか、そういうことじゃない。糸井嘉男の魅力を存分に発揮するには、野手という選択肢があると、それを君に勧めたんやで！　それに今取り組んでやっていて、めきめきと結果も出てるじゃないか」

と話したことを覚えています。

彼は「そうですかね」と聞いていました。

「ピッチャーとしても、そこそこできたと思うよ。でも、一〇〇の能力を持っているとして、野手としてやることで九〇ぐらい出せたら、君はスーパープレーヤーじゃないか。ピッチャーとしては、一〇〇持っている能力のうち四〇、五〇しか出せなくて苦しまなくちゃならない。いつかは八〇、九〇を出せるとしてもね。

野球人生を四〇、五〇しか発揮できなくて長く苦しむのか、それとも、出せる力を目いっぱい発揮するのか。糸井嘉男という野球人を大爆発させる、野手という選択肢があった君は恵まれているじゃないか」

そんな話をしました。その後、心が晴れたのか、表情も変わって明るくなったんですね。僕の言葉がきっかけというわけではないですけど、その後の彼の活躍を、僕はうれしく見ていました。

人材育成のためには適切なポジション転向、コンバートもありだということです。しかしフロントと現場の意見が違ったりして、なかなかまとまらない。そこで全体を統括する高田GMの、「野手でいこう！」の一声でまとまった話だと思います。

そして、二〇〇六年、糸井嘉男の野手転向が決まりました。

実は、みんな思っていたんですよ。「糸井が野手やったらおもしろいのになあ」と。ほんとに口々に言ってたんです。でも決定権はないじゃないですか。本人もやったことがないから、「僕、野手やります」なんて言えません。それを、スカウトなどフロント側と、監督やコーチ、選手など現場の人たちとの間で潤滑油の役割りを果たすゼネラルマネージャーが、すべての人の意見をまとめたのだと思います。

僕が糸井に言ったようなことは、監督もコーチも、仲間の選手たちも、みんな彼に言っていたと思うんですね。

それらがいつの間にか、無意識のケアになったのでしょう。

糸井は、球界を代表する外野手になっていきましたからね。しかしご承知の通り、二〇一三年に彼はオリックスへトレードとなり、ファンはすごくショックを受けました。

最初は新人として育てられたものの、三割バッターとなり数々のタイトルをとるまでに成長すると、レギュラーとしてぬるま湯につかっているようになってしまい、次の段階へ踏み出せない糸井がいたと思うんですよ。もっと可能性があるはずだ、という気持ちになる。

故障をおして、これだけの貢献をしたのだから、もっと評価されてもいいはずだと、自己評価が高くなり、代理人を立てての交渉となりました。球団は、かなりの金額を用意していたといいます。しかし糸井側は、希望条件がだめならポスティング制度を使ってアメリカへ行くといった報道もながれました。

そこでファイターズが下した決断は、違う環境で新しい野球を経験しなさい、ということだった。まだ何が足りないのか、何が吸収できるのか、自分で見つけなさい、と試練を与えたのだと感じました。ライオンの子育てと一緒ですね。

給料が高くなったから、簡単に外へ出したように思われるかもしれませんが、決してそんな冷たい球団ではないです。

二〇〇九年から四年連続で打率三割超。球界の宝のような選手ですよ。一般の選手なら高値安定と言えます。

でも彼はレベルが違う。彼の能力なら、三割四分ぐらいの打率はいけると思います。盗塁四〇以上、ホームラン三〇本以上はいけるはず。彼のレベルでは伸び悩みの状態で、球団はそれを見ていたのでしょう。

そして契約交渉での彼や代理人の発言を聞いて、このままぬるま湯につからせてはおけない、と判断したのだと思います。勇気を持って、あえてパーンと外へ出した、そうとらえるしかないです。

そして偶然に、ショート金子、サード小谷野の回復の見通しがつかず、セカンド田中のアメリカ行きなどもあって、補いたい状況があった。そこへ、糸井をほしいというオリックスの意向がタイミングとして一致したのです。

糸井は移籍会見で、「ゼロからここまで育ててくれたファイターズに、感謝の気持ちでいっぱいです」と言いました。現実に身を置いて、やっと最後にそう言えたのだと思いました。両球団の必要な人材が一致し、球団の育成方針にも沿う形でまとまったのが、この大型トレードだったと思います。

そう切りをつけたものの、やはり僕は気になっていました。どうしても糸井に会いたくて、二月、宮古島のオリックスのキャンプへ取材に行くことにしたんです。

糸井とは一緒にプレーした仲なので、気心は知れています。会った瞬間から互いに笑顔になり、「今シーズン頑張ってくれよ」とエールを送ることができました。練習中に僕の顔を見て笑顔になってくれたので、とてもうれしかったです。

そして取材が終わったとき、カメラに背中を向けた彼が、ふと僕の顔を見て握手の手を差し出しました。

「岩本さん、今日はわざわざ宮古島まで来てくれて、ありがとうございました。ほんとにうれしかったです。実は寂しかったんですよ。岩本さんの顔を見てすごくうれしかったし、ほんとに頑張ろう、と思いました。ありがとうございます」

僕と糸井は関西人同士で、話せばいつも冗談ばかり、笑いの中で会話をしていた仲なので、まさかこんな言葉を聞くとは思ってもいませんでした。

僕は本当の糸井を見たように思って、胸が熱くなりました。彼の目もウルウルしているように見えました。

これまで、解説者として糸井を追ってきましたが、突然、別の人間糸井を垣間見《かいまみ》たように思って、大ファンになりましたね。

慣れすぎたレギュラーでぬるま湯につかっていたことに、糸井はこのトレードで気づいてくれたと思います。厳しさにも直面するでしょう。しかしそれは、プロ野球の世界でさらに糸井が大きくなるチャンスでもあると思います。

人間がより大きくなったように感じました。

本当にファイターズが好きだった、北海道が好きだったという気持ちも、言葉に滲《にじ》み出ていました。

でもプロ野球選手は、すべてをいい思い出に変えていくには、成績を残さなければなりません。新しい環境で、ぜひ頑張ってほしいと思います。

二〇〇五年ドラフト一位　野手　陽　岱鋼

もともと、陽岱鋼は高校入学で台湾から福岡に留学して来た選手です。地元ソフトバンクと蜜月関係にあり、他の球団がとるのは難しいと言われていました。ホークスへ行く決意があまりにも強くて、ファイターズにドラフトで指名された後、すごいショックな顔をしていたことを今も覚えています。台湾から留学生として福岡の高校に入り、感受性の強い年頃なのに異国で生活していたわけですから、プロ野球に行けることはうれしかったでしょう。ファイターズもその気持ちは察しながらも、ベースボール・オペレーション・システムでいちばんいい選手をとるという原則に従い、陽を指名しました。すでにこのときから、ファイターズは今の菅野や大谷に対することと同じことをきちっとやっていたわけです。ファイターズのシステム指定には、その年のアマチュアでいちばん強い選手というだけでなく、今のチームには何が必要か、ということも勘案されています。つまり、今の日本ハムファイターズのウィークポイントを補うための、何年後かのチームを見通した上でのドラフト指名なんですね。

あの時点で、チームは大型内野手が欲しかったんです。すでにいる金子誠もいい。でも彼の成績を見ると、守備力はいいけれどバッティングは？　というところがありました。金子の次のショートを育てる目的で、よりスケールの大きい陽岱鋼を内野手としてとったはずです。チーム事情にいちばん合致するのが、陽岱鋼でした。

陽がホークスに行きたい気持ちはわかるけれども、ファイターズとしては彼とともに歩んでいく自信がある。納得させるだけの材料も育成システムもあるということで、いわゆる強行指名でした。陽は初め、涙を流して残念がっていました。しかし入団してプレーを重ね、北海道のファンの方々と触れ合っていくうちに、変わっていきました。「このチームに入ってよかった」と、ぽろっと言ったのは、実感だったんでしょうね。

ファイターズでベースボール・オペレーション・システムが本格的に始まったのは二〇〇五年で、ちょうど陽が入団した頃です。詳しい球団事情はよくはわかりませんが、陽岱鋼は、そのシステムに合致して入団した第一号になるのではないでしょうか。

入ってみたら、そのチームスタイルが彼に合いました。チームには新庄剛志がいて、後に陽は彼をすごく尊敬するようになりましたしね。彼が外野にコンバートされたのは二年目ぐらいからで、初めは森本稀哲の後釜《あとがま》と言われたんですね。当初、ファイターズは陽岱鋼に内野手としての細かい動きを勉強させたんですが、彼の身体能力、脚力の強さは普通じゃなかった。ずっとトレーニングを積み重ねていたら、内野手としてもいっぱしの選手になったでしょう。瞬発力を活かしながら、そのままスピードが落ちずに、一〇〇メートルもの距離を走れる選手だったんですよ。だからストップ・アンド・ゴーの内野手より、一気にボールを追いかけ切ってしまう外野手のほうが彼の性に合っている。もしくは細かいスローイングよりも、強い球を遠く目がけてレーザービームのように投げるポジションのほうが最適だと、周りが判断したんでしょうね。

本人も、外野手のほうがやり甲斐《がい》があると言いました。いくらシステムの方針に従ってレールを敷いても、本人が納得して取り組まないかぎり成長はしません。選手の納得があって初めて能力が発揮されるという、いちばんわかりやすい例が彼でしょうね。

最初は外野と内野の比率が五分五分だったんです。それが六対四、七対三になっていって、彼自身が、「僕は外野がやりたいです、外野が好きです」とチームに訴えることができるようになった。

そこでお互いが納得して、「よーし、外野で行こう」となった。そうなったときからレギュラーになりましたからね。ここで言いたいのは、このようにファイターズのオペレーション・システムは、決して強制だけじゃない、ということです。

陽は二〇〇五年に高校ドラフト一位で入団して、二軍で新人ながら積極的に起用され、九一試合に出場、一軍の試合に初めて出たのは二〇〇七年です。そしてちょうど大学を出たぐらいの年にブレイクしていますよね。メンタル面でちょっと優しいところがあって、ここいちばんというときにちょっと保守的になりがちでした。僕らが客観視してもそう感じる選手だったんですが、試合に出て結果を残し、成績が上がっていくにつれて、それが自信になったのか、すごく攻撃的な選手になりました。

二〇一二年には栗山監督の意向でセンター。打順は六番が多くなりました。その後、一番も任されるようになりましたが、一番に定着するには、技術的にもっと身につけなければならないことがある。今のスタイルだと、六番あたりがいいんじゃないですか。

この年はリーグ唯一の全試合フルイニング出場を果たし、ゴールデングラブ賞も取りました。あれだけ暑い鎌ケ谷の二軍のグラウンドで、プレーを重ねていった陽岱鋼は、その中で体を芯まで強くつくり上げていったのだと思っています。

二〇〇七年ドラフト一位　野手　中田　翔

中田翔がファイターズに入団して来たとき、ごっつい選手が入ってきたな、とまず思いました。一八歳の青年で、あれだけバットを鋭く振り切れる選手ってそうはいませんよ。カチンとか、カキン、パキンじゃなくて、ガバッと持っていける選手でした。そういう選手は助っ人外国人でも少ないんですが、彼はそれをいきなり、バッティング練習で、春のキャンプの自主トレでバッティングケージから見せてくれたんです。

本当にすごい選手だと思いました。でもやっぱり粗削りなところがあって、バッティングフォームが毎日のように違うんです。でも、毎日変化する気持ちの浮き沈みを抱えながら球場に立っているのが、その年頃の青年の特徴なんですね。

そんな青年に対して、球団の人たちがうまく会話しながら、野球に打ち込める環境をつくっていったのを覚えています。心のケアのほうが多かったと思いますね。福良淳一コーチ（当時）あたりがずっと見ていて、いい方向へ導くために声をかけている姿が印象的でした。

このように、周りの各コーチたちが年頃の青年に接している様子を見ていると、僕はつくづく、すごいチームだなと思います。技術だけでなく、人を育てるというのはこういうことなんだな、と改めて思いました。

「おい、大丈夫か」「今日は体の調子どうだ？」と声をかけることも多いので、見方によっては、甘やかしていると映るかもしれません。プロは結果がすべてなんだから、歯を食いしばって自分でやるしかないだろう、と言う人もいるでしょう。でも僕は、敏感な年頃の青年に対しては、顔色をうかがうのではなくて、顔色をととのえてあげるのが、周りの大人の役割なんだと、理解するようになりました。それがとても印象的でしたね。

中田も、去年（二〇一二年）が大卒なら一年目、という年に当たります。ちょうどうまく育ってきてますよね。そこへ同級生の大卒とかが入ってくると、ライバル心も出ていっそうやる気が出るでしょう。

ほんとに年々成長してきた彼がいます。誰が見てもわかるようにヤンチャな青年で、チームもそのヤンチャぶりをうまく利用しながら、貢献度を上げさせてきたと思うんです。

四番バッターとして育てるぞ、というチームの強い意識も伝わって、去年、チームも本人もほんとによく我慢しました。

四月、五月、彼の心はもう折れていたんです。折れそうじゃなくて、折れてました。バッターボックスからベンチに帰るときの姿、バットを引きずって下向いて帰っていくんですよ。僕、そんな野球選手見たことないですもん。

それが今やチームの四番ですよ。普通だったら、成績も振るわずズタボロのBクラスになっているところでしょう。それくらい責任があるのが、四番バッターなんです。それでも中田がベンチに帰ってくると、ハッパをかける福良コーチがいました。

すべての選手に対して、それぞれの首脳陣たちも役割を分担していたと思います。GMを含めてフロントの人たちが、選手に対してそれぞれの役割をどことなく持っていたと思うんですね。

中田が心が折れているとき、うまく周りの人たちがケアして、それが本人に伝わり、「俺がやらなくて誰がやるんだ!」と、四番バッターとしての強い意地を引き出したのだと思います。ファミリーチームと言いますが、家族のような気持ちが、彼を強い野球人に育てていったと思います。そして彼はついに、「ファイターズの四番なら中田」という代名詞をものにしましたからね。

聞くところによると北海道のスポーツ紙は、中田が一面に出ると売り上げが伸びるんだそうです。みんな、何か共感するところがあるんじゃないですか？　浮き沈みのある世の中で、どん底を味わって、あんな冴えない顔をしていた人間が、周りのサポートで立ち直った。一緒に応援していたファンの人たちも、辛抱していましたから。彼が活躍し出すと、「中田よっしゃ！」と自分まで元気づけられる。それが、新聞の一面に中田が出ると売れる理由だと思います。

あのとき、中田の調子は悪かったですが、チームは勝っていたじゃないですか。あれがもしチームも負けていたら、ファンはどう思ったかわかりませんよ。負けが続く、弱いっていうのはファンにとって厳しいことですからね。そこには稲葉の存在もデカかったし、中田の周りの選手たちが結果を出してフォローしたのが幸いでした。

中田はまだ若いですが、成長した中田翔には、チームリーダーの一人となって、牽引《けんいん》していく存在となりなさい、というような役割がついてくると思います。いい選手は毎年毎年、そういう条件がどんどん与えられますからね。中田ならこれから一〇年は四番を打つ可能性が高いでしょう。でも一〇年のスパンで考えると、五年後には次の四番バッターを育てるべく、選手を獲得しなければいけない。球団はそこまでの計画性を持たなくてはならない、ということですね。

以上に紹介した選手たちは、すべてドラフト一位で指名した選手たちです。

ピッチャーではダルビッシュ有、吉川光夫、斎藤佑樹。野手では糸井嘉男、陽岱鋼、中田翔。六人はいずれも、それぞれに課題を与えられて成長していきました。

こうして見ると、ファイターズの育成のすばらしさがよくわかると思います。

ここではドラフト一位の選手だけを見ましたが、他の順位でドラフトから入った選手もいれば、若いうちにトレードでやってきた選手たちもいます。彼らは同じように手をかけて育成され、そこに差別はありません。

どの選手も同じように手塩にかけて育てるのがファイターズのやり方で、僕はそれもすばらしいことだと思っています。

いろんな入団のケースがある中でも、とくに本人の潜在能力までも見込んで獲得されるのがドラフト一位ですから、さらにオペレーション・システムによってぐんぐん伸びていきます。活躍が人一倍目立つのは、当然のことといえるでしょう。

2章

わくわくドキドキのポジション争い

捕手のポジション争い

最近の日本ハムのキャッチャー事情としては、〝分業制〟と言いますか、どのピッチャーにはどのキャッチャー、という組み合わせができていました。

例えばダルビッシュ有には鶴岡慎也、ウルフであれば大野奨太を組み合わせる。それによって、それぞれがいっそうの力を引き出せるという結果が出ているからです。

ところが二〇一二年の開幕から、キャッチャー鶴岡慎也の出場が急速に増えました。二人とも甲乙つけ難くいいものを持っていて、捕手としての実力は同レベルです。

では、鶴岡優位となった原因は何か。まず、大野の急激な打撃不振があげられます。それと、チーム内における鶴岡の信頼度の向上が要因であろうと思います。

鶴岡はダルビッシュと組んだバッテリーで勝利に貢献し、選手会長も任されて、チーム内で並々ならぬ支持を得る存在になってきました。その両方の要因を敏感にとらえた監督が、自然に起用回数を増やす結果になったのではないでしょうか。

鶴岡は、年間一四〇試合以上はマスクをかぶりたい、という意欲のあるキャッチャーですから、役割を与えられれば意気に感じてさらに頑張る、そうなれば打撃のほうも良くなる。打率が良くなれば余裕が出て、キャッチャーとしてのリードもより冴えるようになる。そういう好循環になった。そして二〇一二年のシーズンが終わってみれば、ファイターズの正捕手は鶴岡かな、というつぶやきが周囲から聞こえるようになりました。

鶴岡の優れた点というのは、ピッチャーの状態をうまく見抜くところにあります。そのピッチャーの特徴、今の調子はどうかをよく知っているので、この場ではどんなリードをすれば活路が見出せるかをわかっている。だからピッチャーは、マウンドに上がった序盤は、調子が悪かったのに、気がつけば、調子が引き出されて、中盤には「お、波に乗ってきたな」という感じになります。

ダルビッシュももともと好不調の波が激しいピッチャーだったのですが、その日のいいところを引き出してあげるリードで対応する鶴岡によって調子が上向きになり、いつしかいちばんいい形でピッチングを組み立て、気がつけば終盤まで好投を続けていた、ということが多くありました。

いつの間にか、このコンビは、互いの能力を引き出しながら勝ち星を挙げていく、名バッテリーとなりました。もちろん、チーム内でも鶴岡の信頼度が上がります。

一方、大野の特徴は、バッターの嫌がるところ、ウィークポイントを徹底的に攻める、というタイプのキャッチャーです。

したがって、ピッチャーの調子が整わないとキャッチャーの指示通りに投げられないので、バッターを嫌がらせるということが成立しにくい。しかし、バッターへの徹底的な攻めは、大野の長所として光っています。

鶴岡にも大野にも、それぞれ捕手としての長所があるわけです。

こうした両者の特徴を見て、今のファイターズにはどのキャッチャーが勝利に貢献できるかを監督が考えたとき、圧倒的に鶴岡の起用が増えたのだと思います。

大野が元気であればよかったのですが、攻守においてどうも冴えない状態だった。

大野は二軍落ちしましたが、そこで辛い思いをしながらも、改めてピッチャーを見つめなおし、個人練習ではバッティングに力を入れてきました。

何か、ヒントを摑《つか》んだのでしょう。二〇一三年のキャンプには、元気にグラウンドに立っている大野奨太がいたんですよ。

そして、「鶴岡さんには申しわけないけど、追いつきますよ。正捕手の座はちょうだいします」という力強い言葉が出ました。球団は大野の背番号28を2番にかえて、リフレッシュさせようとしています。背負う番号が変わると気持ちも変わるものですからね。

大野には使命感が出てきて、やる気になっています。鶴岡も負けていられません。互いにピッチャーをよく把握しているし、どうリードすればチームを勝利に導けるかも知っている。バッティングについても、打率を残さないとキャッチャーの座は守れないということを二人は知っている。

両者互角の戦いですから、二〇一三年のキャッチャーのポジション争いは、非常にレベルの高いものになると思います。

そこへ、もしかしたら次の章で詳しくお話しする入団二年目の近藤健介が、好奇心旺盛《おうせい》なリードで、怖さを知らない捨て身の野球スタイルを武器に食い込んでくるかもしれません。

二〇一三年、この熱い、熱い正捕手争いは、目が離せないものになるでしょう。

本当に楽しみです。

一塁手のポジション争い

圧倒的に一塁を任せたい選手、それは稲葉篤紀です。年齢的なことを考えると、もっと指名打者（DH）で出場させてもいいのでは、と思われるかもしれませんが、彼の人望や野球観からして、ぜひ稲葉にはファーストを守って試合のグラウンドに立っていてほしいというチーム事情があります。

稲葉は、彼特有のいいタイミングで選手たちに、とくにピッチャーに声をかけます。試合の流れを見ながら話しかける間合いは本当に絶妙なんです。DHだと、遠いベンチからの声かけになりますからね。これは僕だけでなく、監督やコーチも同じ考えだと思います。

たしかに、時には一塁を他の選手に任せて、彼を指名打者として起用したり、途中でベンチに下がらせたりすることもあります。

これはチームの戦略なんです。例えば、クセのある左ピッチャーからの荒れたボールが当たって、バッティングの調子を崩されることも起こりえますよね。チームは稲葉に、そういうリスクを負わせたくないんですよ。

彼のコンディションを、常に最良の状態に保っておきたい。つまり、DHをうまく使って稲葉を休ませながら、一年を通して稲葉をファーストに起用していきたいという、チームの意向の表れなんです。

二〇一三年、稲葉は一軍の「コーチ兼内野手」になりました。

そこには、どんな意味があるのか。

もちろん、将来、監督やコーチになるための布石とか、そういうことだけではありません。

稲葉はあれだけの成績を残した選手であり、しかもあれだけ真摯《しんし》に野球に取り組んでいるので、チームの中では非常に信頼されています。

だから若手や中堅の選手たちは、プレッシャーやスランプに悩んだとき、稲葉に相談することがとても多くなっていました。

しかし技術的な相談となると、専門にその役割を担うコーチがいますよね。となると、稲葉はコーチに気を使わざるをえないでしょう。

コーチは当然、優れた能力のある人なのですが、選手としては、「どうしたらいいですかね」となったとき、ごく自然に身近で一緒にプレーしている先輩に声をかけてしまう。「相談には乗ってあげたいけど、コーチに失礼ではないか……」

そんな稲葉の困惑を察した球団は、彼にコーチの肩書をつけることによって、心おきなく後輩たちに指導ができるようにしました。

相談する選手、相談される稲葉、コーチの三者とも、互いに気遣うことなく、アドバイスができるようにしたんです。そうすればすべてがスムーズにいき、結果としてチーム力アップに繋《つな》がります。

すべてメリットばかりの、稲葉の「コーチ兼任」でした。

二〇一一年まで、稲葉はキャプテンをしていましたが、二〇一二年、その役を田中賢介に譲っています。実はそこにも、わけがあります。

二〇一二年のシーズンは、稲葉にとって二〇〇〇本安打を含めて、数々の記録達成が見込めるシーズンでした。しかしキャプテンともなると、チーム全体を見ていなければならないので、自分の時間が犠牲になってしまうことも多くなります。主将を続けていては、記録達成が滞る可能性が出てきました。

そこで球団は、キャプテンの立場を一休みしてもらい、今やるべきことに専念してください、と気遣いを示しました。

稲葉はその意向にことごとく応えて、予想される記録のほとんどをクリアし、すばらしい成績を残した、それが二〇一二年のシーズンでした。手前みそになりますが、前著『2012年版 ガンちゃんのファイターズの応援が100倍楽しくなる本』では、ずばりそういった意味で稲葉の活躍を予言させていただき、的中したわけです。

残念ながら、順位予想は外れて頭を丸めることになりましたが、選手個々についてはなかなかいいところをついていたと自負しています。

そして二〇一三年はコーチの肩書がつき、兼任によって全体のレベルアップに繋げようとしています。

あれだけ人望があり、かつ戦力でもある選手を活かすには、それが最善の策だという、ファイターズの作戦なんですね。

だから一塁のポジション争いは、よほどのことがない限り今のところ起こらない状況です。

二塁手のポジション争い

今年、二塁にどの選手を起用していくか、それは球団が二〇一三年のシーズンをどう戦っていくかを決める、重要なキーワードといっていいでしょう。まず、球界きっての二塁手であった田中賢介が、メジャーリーグを目指して二〇一二年末に退団したという、ファイターズのチーム事情があります。打撃に優れ、作戦力もあり、ポイントゲッターであった田中は、まさに走攻守すべてに優れた守備・攻撃の要でした。ぽっかり、大きな穴があいたことになります。

さて、この穴を誰が埋めるか。今、監督やコーチの間でよく名前が出ている選手は、次の三人です。杉谷《すぎや》拳士《けんし》、中島《なかしま》卓也、西川遥輝《はるき》。それぞれの能力に特徴がありますので、二塁手に誰を選ぶかで今後のファイターズの戦い方も見えてくるという、非常に注目すべきポイントになります。

杉谷拳士――スイッチヒッターです。右打席でも左打席でもスパイスのきいたバッティングを示してくれますが、右打席はとくにパンチ力があり、ホームランも期待できます。左打席は右にやや劣るとはいえ、出塁率はいい。二〇一二年、帯広での試合でしたか、勝負強さを見せつけてくれたシーンが記憶に残っています。時雨《しぐれ》模様の天候の中、試合は終盤にもつれ込んでいました。まだ代打として出ていないほかのいい選手もベンチに待機中というとき、監督はあえて杉谷を指名した。何を求めたかというと、彼の勝負強さですね。杉谷はその期待に応えて、見事サヨナラヒットを飛ばしました。

何しろ元気印の杉谷ですから、彼が球場に立つとチームの雰囲気がよくなります。杉谷がその持ち味を活かしてチームの中心になり、セカンドのポジションをもぎ取れるか否か。ぜひ注目したいところです。僕としては杉谷に、かの松井稼頭央《かずお》のような選手になってほしいんですよ。スイッチヒッターとして勝負強さがあり、作戦性の高い能力で、チームの雰囲気をも変えていくような力強い選手になってほしいと思っています。

中島卓也――杉谷とは親友であり、また一番のライバルでもあります。特徴は守備範囲の広さ、確率の高いゴロの捕球率です。守備力の点では、三人の中では一、二歩リードしています。バッティングでは器用な左バッターですが、もっと塁に出てほしい。ここは修業中で、監督やバッティングコーチと相談しながら取り組んでいるところです。

打撃力アップで出塁率を上げるのか、バッターでは繋ぎ役に徹して守備力でいくのか、どの部分を優先させるかです。能力は試合に出れば出るほど伸びていきますから。

監督にどの部分をアピールして、ここは中島でいくぞ、と思わせるか。守備力の高さでは全面的にアピールできる状態にあるので、そこは強みです。

西川遥輝——バッティングの点では、中日からメジャーを経て今は阪神にいる福留孝介のような、スケールの大きさを感じさせる選手です。ただ守備の点でいうと、入団してすぐに肩の手術もしているし、スローイングについての肩の強さはまだ感じられません。

しかし守備範囲は広く、走力もあります。なんといってもいちばん光るのはバッティングで、左方向にも強い打球が打てる打者、これはセールスポイントです。バットを重視するチーム事情になったときは、彼が前面に出るのではないでしょうか。ゆくゆくは安心して彼にポジションを任せられるように、監督は西川の成長を待っているでしょう。

田中賢介の退団であいた大きな穴を、監督は誰で埋めるのか。総合力の杉谷、守備力の中島、打力の西川。彼こそが穴を埋める選手だ、この選手を使っていくぞ、と監督に決意させるのが、彼ら三人の役目です。注目の二塁手のポジション争い、目が離せません。

三塁手のポジション争い

強い球が飛んできやすい三塁は、選手が機敏さでファンを魅了する点からも、「ホットコーナー」と言われる花形のポジションです。

野球のおもしろさがつまっている特別なポジションであり、長嶋茂雄さん、掛布雅之さんなど何人ものスター選手が三塁手から生まれていきました。

ファイターズのホットコーナーには、今まで絶対的な存在として小谷野栄一がいました。二〇一〇年には打点王に輝いた、バリバリのレギュラーです。しかし二〇一一年は脚の故障に見舞われ、好成績が残せなかった。そこで脚の負担を軽くするために一〇キロ以上の減量に成功、二〇一二年のシーズンには抜群の体の切れのよさで戻ってきたんです。

ところが打ってみると、かつて打点王だった頃のように、力でねじ伏せるようなバッティングが見られなくなっていた。球が前に飛ばず、一塁側やバックネットに当たるファウルが非常に多かった。本人もそれを意識して、徐々にバッティングのバランスを崩し、苦しいシーズンのスタートとなってしまったのです。

しかし栗山監督は、彼の野球センス、状況判断のよさを高く評価していました。そこで打順を五番、六番のポイントゲッターとしてでなく、犠牲バントや攻撃機能型のサインプレーをしてチームのチャンスを広げる、二番バッターの役割を与えました。

細かいプレーを器用にこなす小谷野なので、彼の作戦性に賭《か》けたわけです。いわば黒子役ですが、彼に野球のリズムを取り戻してもらうための、配慮ある配置転換だったと思います。この監督の思いがピタッとはまり、小谷野が野球センスを発揮できるシチュエーションは増えていきました。数字としては、シーズン前半の不調がたたって物足りない打率となってしまいましたが、その反面、犠打四〇という二〇一二年のシーズンパリーグ最多を記録しています。

シーズンオフに右肘《ひじ》の不調を訴え、手術をしました。二〇一三年のキャンプインには始動かなわず、リハビリの時間を過ごすことになりました。

調整状況を見ていると、開幕には間に合わない可能性があります。

ここに、そのポジションを摑み取ろうとする四選手の存在が浮上します。

佐藤賢治——ロッテから無償トレードでやって来た移籍選手、もとは外野手でした。二〇一三年春のキャンプでは、監督が大抜擢の選手として佐藤の名を挙げています。右方向に目いっぱい長打を引っ張れる左バッターであり、彼のバッティングセンスに惚《ほ》れ込んだ監督が、スタートから内野手へ、しかも三塁というホットコーナーへのポジションチェンジを命じたのですから、その時点で監督の佐藤への思い入れがわかります。

加藤政義——走攻守、三拍子そろった選手として入団し、四年目を迎えます。なんでも器用にこなす選手ですが、何を自分のいちばん得意分野としてチームに印象づけられるかが、課題だと思います。自分の能力を最もよく表現できるのは何か。そのコツを掴んだとき、一気にそのポジションを奪ってしまう可能性があるのも加藤なんです。

野球センスに長《た》けているので、これまでに何度も一軍に上がり、途中出場での守備固めなどをそつなくこなしていました。やればできるはずだと期待を寄せ続けて、首脳陣はややもどかしさを感じているかもしれません。無難なだけでなく、何か特記すべきものを示すことができれば、彼の名が挙がる回数はもっともっと増えていくと思います。

飯山裕志——入団一六年目、年齢的にはベテランですが、まだ体も強く、勝負強さには光るものがあります。一五年を費やしてきた時間は彼のすばらしい財産となって、ユーティリティー性の高い選手として、チームに欠かせない存在になっています。

そこへ、小谷野が調整中となりました。それは代役から一気に、飯山が必要だ、と言われる選手になるチャンスでもあります。

万年便利屋選手でなく、やはりレギュラーとして輝きたいという思いが強ければ、ポジションを奪い取れるかもしれません。

なんにでも便利に使えるユーティリティー選手としてベンチを温めることの多かった飯山ですが、レギュラーへの欲の強さで小谷野の座を奪う可能性もあります。

二〇一二年の日本シリーズでのサヨナラヒットは、俺にもこんなことができた、という自信にもなったでしょう。これを一六年目のビッグチャンスとして欲を前面に出せば、サード飯山の試合が増えるのではないでしょうか。

今浪隆博――初球からバットが出せる積極性のある左バッターです。

特別足が速いとか、肩が強いということはありませんが、守備もそつなくこなし、思い切りのよさでは首脳陣の評価も高い。バッターとして試合に出続ければ、打率二割六分以上の成績は挙げられるでしょう。加藤同様、総合的に無難な選手です。

自分のいちばんの特徴を前面に出して、ポジションをもぎ取る姿勢がほしい。俺は絶対に三振しないぞと、ねばってねばって最後はゴロでもファーストに走る、そんな執念あるプレーを示すことで、彼への評価は上がるでしょう。

二〇一三年のシーズンは、そういうチャンスがたくさんもらえるはずです。今年は、「それを僕にやらしてください」と言える年なんです。

この四人には、ギラギラした闘いに挑んでほしい。少しおとなしめ、優等生的な今浪や加藤が、目の色を変えてドロンコになって闘う姿が、チームをレベルアップさせると思います。

三塁手に可能性のある選手を僕なりにチョイスさせてもらいましたが、予想は立ちません。すべてまとめて総合力のある選手として、小谷野が帰ってくる可能性が非常に高いからです。

遊撃手のポジション争い

ファイターズには絶対的な存在として、リーグ屈指のショートストップ金子誠がいます。金子はゴールデングラブ賞をはじめ数々のタイトルを持つ、在籍二〇年目の大ベテランです。稲葉同様、金子もコーチ兼任ができるほどの実力者です。技術面、精神面ともに、稲葉と並んでファイターズの二大支柱と言ってもいいでしょう。

金子はプレーが派手な選手ではありませんが、堅実さが特徴です。それが地味に見えたのか、若い頃から外国人選手も含め、いろんなショートストップが彼の対抗馬として登場してきました。しかし金子は実力でそれらをすべて撥《は》ねのけ、ショートの座を守ってきました。

その金子が、長年の蓄積疲労もあってか左膝を痛め、二〇一二年のシーズンオフに手術をしました。半月板損傷の大きな手術だったので、二〇一三年の復帰についてはまだ見通しが立っていません。手術後で調整中の小谷野は、キャンプの時点でバッティングができていましたが、金子はまだ走れないので、本当のリハビリに入っているといえます。復帰は、早くても夏以降になるだろうといわれています。

ショートというポジションは内野手ですが、作戦上の指示を外野手にも出せるキーマンとして、司令塔の役割があります。そのため、若い選手にすぐやれといっても、急には立てないポジションなんです。球団としては、空席を奪い取るような若手に出てきてほしいと思っても、それを待てないのが現実です。

そこで球団は、二〇一三年の大型トレードでオリックスから大引啓次を獲得しました。大引は、守備範囲の広さ、ポジショニングの勘、スローイングの強さ、どれを取っても申し分のない遊撃手です。人間的にも人望厚く、オリックスの選手会長としてチームの中心的存在でした。法政大からドラフトでオリックスに入った彼は、金子と似て、派手さはありませんが堅実なプレー、球場の真ん中で仕切ってくれる頼れるタイプです。

その大引が、球団同士の戦力事情により、トレードで移籍してきたのです。

僕は、本当にすばらしい選手を獲得したと思っています。

さあ、これからの大引が、ファイターズでどう頑張ってくれるのか、大いに楽しみです。

堅実で地味な持ち味の彼ですが、移籍がきっかけで大ブレークするかもしれません。なぜなら、環境の変化は人を変えるかもしれないからです。

見られることで人はエネルギーを出せるともいいますから、大勢のファンが声援してくれる人気のファイターズに来たことで、彼自身にいい変化が出るかもしれません。守備の充実はもちろん、打率三割を超えるバッターになる可能性も十分あります。

そして絶対的レギュラーであった金子が戻って来た後、退くような形で金子が他のポジションを守ることだってあるかもしれない。

または、金子がショート、大引が他のポジションを守るというふうに、シャッフルができる状態になるかもしれない。どの可能性を考えても、大引の加入はファイターズにとって非常にプラスだと思います。

新しい野球観の持ち主が入ってくれれば、若い選手たちは何かを吸収してくれるでしょう。その意味でも大引の入団は、金子の穴を埋める以上のものが期待できると思います。

外野手のポジション争い

二〇一二年のシーズン、ファイターズは、センターの陽岱鋼、レフト中田翔、ライト糸井嘉男で、テッパンのレギュラー外野手布陣であると自信を持ってきました。

ところが野球の神様のいたずらか、糸井が大型トレードで移籍してしまった。糸井の穴を埋める選手というのは、おいそれとは出てきません。それほど実力もあり、存在感もある選手でした。

陽岱鋼についていえば、二〇一二年の全試合フルイニング出場を果たし、それが大きな自信ともなって、いっそうの活躍をすることは間違いないでしょう。外野手として一角を任せられる絶対的レギュラーとして、太鼓判を押します。

中田翔、彼は二〇一二年、四番バッターを任され続け、最後にはファイターズの四番という代名詞をしっかり自分のものにしました。陽同様、さらなる飛躍を示してくれることは間違いないでしょう。彼も太鼓判を押せる選手です。

この二人が頼もしい存在であることは間違いありませんが、それでも糸井の移籍で大きな穴があいたという現実は、受け止めなければなりません。

ライトが決定的に弱みになるかもしれないファイターズは、新しい外野手を育てることができているのか。選手の育成が得意とされてきたファイターズに、今、その問題が問いかけられています。僕は、そういう選手がファイターズにはいる、と思います。

谷口雄也――入団三年目、男前な選手です。甘いマスクは女性ファンに人気があり、上背もある。自分の一推しとするポイントはなんなのかを掴み、自己改革が起これば、一気にレギュラーを獲得することもできる選手です。

二〇一二年のシーズン中盤には優勝争いをする中、一軍でヒットを放ち、打点を稼ぎました。守備についても、ここ一番というところで外野からの好返球、ホームタッチアウトで補殺記録もつくっています。

プロ野球選手としての一歩を踏み出すことができました。この一年でプロ野球のあり方を肌で感じた谷口が、二〇一三年のシーズンに、どれだけの飛躍を見せてくれるかが楽しみです。ファイターズ得意の育成システムが、彼にどれだけのものを注入してくれるのか。

ファイターズの見せどころだけに、注目したいと思っています。

鵜久森《うぐもり》淳志――高校時代、甲子園で非常にいい成績を残した人気者の選手です。右の長距離砲、大器として期待を寄せられています。右打席で左ピッチャーの球を的確にとらえ、遠くに飛ばす能力は魅力たっぷりです。

二〇一二年も七本のヒットを打ち、そのうち四本はホームランという長距離砲です。入団九年目の今年は、彼がプロ野球界に何を残せるかという、ラストチャンスだと思うんですね。そこに、チーム事情によって外野手のポジションが一つ空いているわけです。このチャンスを逃がすと、答えが見つからないままになりかねません。

二〇一三年のシーズン、彼は背水の陣のつもりで挑んでいるはずです。野球人として何を表現したいのか、本気のもがきを見せてほしいです。

チームが彼の潜在能力をどう引き出していくのか、それも注目したいところです。

村田和哉――彼のいちばんの特徴は、足の速さです。彼が塁に出ていると、相手のバッテリーが警戒して、ものすごく嫌がります。

この足を活かすには、なんといっても出塁率を上げなくてはならない。彼は今、バッティングの向上はもちろんのこと、ボール球に手を出さない選球眼のレベルアップなどに取り組んでいるはずです。バッターとしての充実が脚力を活かした走塁につながり、チームの戦力になります。そうなれば監督が彼の名を頻繁に挙げるときがやってくると思います。

赤田将吾——移籍組としてオリックスから入団してきた選手ですが、右打席、左打席両方打てるスイッチヒッターです。ファイターズは新しい選手を育てたいという意向はありますが、生身の人間ですから期待通りになるとは限りません。少し活躍できるようになってからも、新しい壁、新しいスランプに突き当たるのがプロ野球界の厳しさです。

球団は、新しい選手を期待しながらも、どうしても長年の経験がある選手に頼らなければならないときがあります。そこで非常に重宝して任せられる選手、それが赤田将吾だろうと思います。若い選手には負けない数々の修羅場をくぐってきた経験が、赤田の魅力でもあります。

赤田は今、西武、オリックスで積んできたいろんな経験を土台に、新天地で何ができるかと、自分自身に対しても期待しているだろうと思います。体型の面でもいっそうのシェイプアップをはかり、並々ならぬ思いで二〇一三年のシーズンを迎えているはずです。

球団としても、若い選手が台頭してこなければ、やはり野球勘のある赤田に任せることになるでしょう。新人か、経験豊富な選手か、この競争に注目してください。

先発ローテーション争い

野球はピッチャーが頑張ってこそ勝つ、というのが定説ですが、その点ファイターズには能力の高いピッチャーがそろっています。おそらくファイターズは二〇一三年のシーズンを六人の先発投手でローテーションをまわしていくはずですが、その中でも柱になる先発四人について述べたいと思います。

武田勝――二〇一三年、先発ローテーションを任せられる一番のピッチャーは、抜群に安定感のある武田勝でしょう。彼の一番の強みはハートです。いくらいいピッチングをしても、なかなか勝ち星がやってこない、そんな試合が続いた場合でも、彼は心が折れることなく、平常心を保って投げ続けていくことができます。

そんなタフなハートの武田勝は、まさにチームの大黒柱そのものです。

好不調の波が少なく、制球力も圧倒的で、週に一度のマウンドを安心して任せることができます。二〇一三年も活躍してくれることは太鼓判を押します。実にたのもしい存在です。

ブライアン・ウルフ――メジャーリーグで成績を残すべく頑張ってきた選手ですが、縁あってファイターズに入団して来ました。助っ人外国人ではありますが、日本のプロ野球でアウトの取り方、長いイニングでの投げ方などを学んで、成長していった印象があります。まず、カーブを有効に使えるようになりました。最初は直球とチェンジアップばかりに頼っていたウルフですが、どのカウントでも、勇気を持って変化球を投げられるようになりました。

日本のバッターは小さな変化球にもよく対応するので、より厄介な状況をつくり出すためには、ゆるい大きなカーブなども混ぜて投げなければなりません。

それらを駆使することによって、彼のピッチングの幅がぐんと広がりました。

それがいちばんの成長で、彼にとっては絶対的な自信になったでしょう。

もともとはマウンド上で気持ちの揺れを制御するのが苦手な選手だったのですが、経験を積むにつれて自分を制御できるようになりました。今は、一試合をしっかり任せられるピッチャーになっています。二〇一一年は一二勝一一敗、二〇一二年は一〇勝九敗、二〇一三年には、それよりいい成績を残してくれると見込んでいます。

木佐貫洋——移籍組の木佐貫は、キャリアも十分、二〇一二年のシーズン防御率は二・六〇、投球能力も十分備えています。

しかしこれまでオリックスでプレーしていても、なかなか勝ち星が上がらなかった。その内容を見ると、圧倒的にファイターズにやられていたんです。

今度はファイターズが味方となったとき、勝ち星を上げられるピッチャーとして評価が上がりました。評価される部分としては、球筋の良さ、そしてピッチャーの命である球持ちの長さが挙げられます。

バッターに近いところでボールをリリースすることは、なかなかできにくいものです。しかし彼のピッチングフォームには粘りがあり、ベース上で強い球を投げることのできるピッチャーだということが確認できました。

長いイニングを投げられるピッチャーですから、そのまま自分の実力をマウンドで表現できるでしょう。チームの援護があれば、二ケタ以上の勝ち星が十分に見込めます。

吉川光夫——本来は筆頭に挙げるべき選手なのですが、あえて四番目にさせてもらいました。

吉川は二〇一二年、タイトルを総なめにするほどの大ブレイクを果たしたのですが、初めてフル回転のシーズンを終える頃、多大な疲労のためか左肘を痛めてしまいました。そのため二〇一二年の暮れからは、リハビリと体力強化に時間を費やさざるをえなくなりました。キャンプインはしましたが、全力投球ができていない。あれだけの成績を残し、絶大な信頼を勝ち得たピッチャーでありながら、怪我ひとつで、「吉川、今年は大丈夫かな」という声が出てしまう。日本シリーズで打たれたときも、実は疲労困憊《こんぱい》、肘が悲鳴をあげているという事情があったのです。

一冬越えて完治していればいいのですが、怪我をした選手は、その箇所を本格的に使っていいのかと、不安になるものです。キャンプで見る限り、その不安がぬぐい切れている、という確信は得られませんでした。この不安が解消できたかどうかは、シーズンを通して見ていくしかなさそうです。

キャンプでの練習スタイルが、慎重に自分の体と向き合ってのことならいいですが、いわゆる、〝二年目のジンクス〟になっては困ります。

シーズン二〇〇イニング以上の投球回数という目標の仕事量をこなすこと、二〇一二年以上の勝率を勝ち得ることなど、彼にはまだまだ未知の世界への意欲があるでしょう。

怪我の完治が確認できれば、トップに名を出したい吉川光夫です。

「先輩、何言ってるんですか、ここまでやれるようになっていますよ」と、完全回復した吉川光夫を見せつけてほしいと思っています。

以上の四投手は、ぜひやってもらわなければならない先発ピッチャーたちです。

先発ローテーションの残り二つの枠を誰がもぎ取るかは、二〇一三年ファイターズのサバイバルゾーンです。野球は生ものですから、前述の四人もうかうかはしていられません。

期待の一番は中村勝、続いて谷元圭介と多田野数人。

そして、肩の痛みを治して早くローテーションに帰ってきてほしい斎藤佑樹。

またもしかしたら、ゴールデンルーキーの大谷翔平が、その一角を奪っていく可能性もあります。さらに、そろそろ出て来るんじゃないか、大塚豊。怪我が治ればケッペルも実績があります。若手の植村祐介なども、その座を狙っています。

さまざまな思わくが交差します。

どの選手がその二枠を勝ち取るか、ファイターズの育成システムが、どの選手を伸ばすことができたのか。ルーキー参戦の可能性も含めて、注目の二枠に興味は尽きません。

ブルペン陣の争い

なんといっても、球界一のブルペン陣をそろえているのがファイターズ。

まず抑えの投手からいきますと、武田久。最多セーブ投手のタイトルホルダーです。

武田久が最後の九回を絶対に抑えてくれるという信頼があるからこそ、その前のセットアッパーや中継ぎ陣が、しっかりと役割を頭に描くことができる。

ここ数年、ファイターズでは、この黄金のリレーがしっかりと機能しています。

武田久が九回の抑えなら、八回には炎のセットアッパー、二〇一二年の最優秀中継ぎ投手・増井浩俊がいます。

増井は故障知らずの体力の持ち主で、二〇一三年のキャンプインから、ファイアーボールをどんどん投げ込んでいます。

キャンプで話を聞くと、「八回は自分が抑えます。そして武田久さんにしっかりバトンを渡します。それが僕の役割です」と明言してくれました。

増井は自分の球に絶対の自信を持つようになって、度胸がつきました。用意ドン、の第一弾から、飛び込むようなピッチングをします。僕の感じでは、ズドーン！　とミサイルみたいな球ですよ。バットを粉砕せんばかりの勢いがあります。

そんな彼がしっかりと八回を抑えることによって、相手チームには「あと一イニングしかない」という焦りが生まれる。そして最後は武田久が締めくくるので、増井は試合を決定づける重要な役割を担っています。

八回の増井、九回の武田久、この二人が、九回の野球を七回にまで縮めています。

そしてすばらしい左ピッチャー、宮西尚生《なおき》。彼はここ数年、フル回転の活躍を重ね、チーム内で絶対的な信頼を勝ち得ています。ホームベースを横に広く使えるといいますか、左ピッチャーの特徴をよく活かしたピッチングで、監督の信頼も厚いところです。

左腕は宮西だけではありません。石井裕也がいます。石井は左ピッチャーでありながら、右バッターをも苦にしません。左右、どちらのバッターにも、強いストレートを投げ込むことができるし、腕を振ったスライダーも、コントロールよくおさめることができます。

この左腕投手二人が、強い戦力としてファイターズのブルペン陣に君臨しています。

ブルペン投手陣の充実は、ファイターズの一番の強みなんです。他チームの人からも、「ファイターズのピッチャーはいいからねえ」と言われるほどですからね。

九回の野球が増井、武田久によって七回になると言いましたが、七回も宮西や石井がしっかり投げてくれるので、先発ピッチャーは六回まで投げればいい計算で初回からバンバン飛ばすことができます。そういった試合のペースをつくることができるのも、今のファイターズの強みであり、先発ピッチャーが飛ばせるのもブルペンのリリーフ陣の充実があるからで、すべてがリンクして繋がっているわけです。

そして糸数敬作も、二〇一三年のシーズン、ブルペンリリーフ陣の中でフル稼働したいという意欲を持っています。危機感ともいえるすばらしい闘志を見せながら、キャンプインしています。

榊原諒もいます。二〇一二年は怪我に苦しみましたが、二〇一〇年は新人王を取ったタイトルホルダーです。また、二年目を迎える森内壽春も、二〇一二年ルーキーイヤーからフル回転してくれました。さらに三年目で勢いのいい乾真大《いぬいまさひろ》も参戦するとなれば、リリーフ陣はさらに層が厚くなると思います。実に多士済々で、ファイターズはまさに〝投手王国〟といえるのではないでしょうか。

3章

ガンちゃんが推薦する七人のニューヒーロー

1・大谷翔平

二〇一三年でいちばん、そして日本でいちばんの注目選手、大谷翔平です。

彼のプレーを初めて見たのは、キャッチボールをしている姿でした。それは、投球フォームの中に、一拍、彼にしかない独特の〝間《ま》〟があるキャッチボールでした。

見ていて、不思議な感じを受けました。というのは、ピッチャーだった僕も、投げながらそれを感じたことはなかったからです。

誰も感じたことのない、彼しか持たない〝間〟かもしれません。投げる方向へ踏み出したとき、一拍の独特な間がある。彼のゆったりしたフォームの、あるタイミングで、間があるんです。ボールの遠近感が摑めない感じになり、それはすごい武器になるのではないか、と思ったんですね。

これはもう、キャッチボールでありながら、ピッチャーの投球だな、と思いました。

わかりやすくいえば、投げる動作が途中で一拍、ピタッと止まるのです。

ピッチングフォームで、よく〝溜《た》め〟という言葉を使いますが、そんな力の「溜めどころ」が、彼独特の〝間〟としてあったんです。

キャッチボールを数球、見ただけで、「すごい逸材だなあ」と唸《うな》らせてくれました。大谷は、たちまちピッチャー出身である僕の胸をくすぐる存在になり、彼のピッチングを早く見たい、見たいと思うようになりました。

そしていよいよキャンプインです。最初に見たのは、ピッチングではなくバッティングでした。

彼が甲子園でバットを握る姿は、テレビで見たことがあります。ハンドワークの柔らかさ、ミート力のよさには、ズバ抜けて光るものがありました。

その予備知識があった上で、プロ野球選手となった彼のバッティングを見たわけです。木のバットを持って、練習場のバッティングケージへ入って来た彼が、フリーバッティングの練習を始めた。その打球、数本を見ただけで、「あ、これはドラフト一位でとったバッターだけのことはある」と思ったんですね。

バッターボックスでのさばきといいますか、左打ちで足を踏み出すときに、前後の頭のブレがほとんどありません。空振りの少ないバッターだな、と思いました。

高校では金属バットですから、木のバットを持ってまだ間もないはずです。そのバットを撓《しな》るように見せながら、ヘッドが後から出てボールをとらえ、運ぶようなバッティングをなしえたところに、彼の光る野球センスを感じました。

普通、金属バットで練習してきた選手が木のバットを持つと、やはり金属バットのときと同様に、撓らせるのでなく、力ずくでボールを運ぼうとするものです。金属バットはボールがバットの芯《しん》を外れても、力でなんとか飛ばせるからです。

木のバットは、バットの芯にのせてから運ばないと、打球に力強さが出ません。

それを高卒ルーキーの彼が、バッティングケージでいきなり見せてくれたんです。

引っ張った打球も流し打ちの打球も、しっかりとバットの芯にのせて運んでいた。ほれぼれするような姿でしたね。

思わず、「ああ、技術力のあるバッターだ。ファイターズはいい打者を獲得しましたね」とコメントを発していました。

ファイターズは彼をピッチャーと野手の二刀流で育成したいと言っています。まさに、プロ野球界に新しい歴史をつくりたい、と思わせる選手であることは、一目瞭然《いちもくりょうぜん》でした。

キャッチボールで投手力に驚き、さらにバッティングで感嘆した後だけに、二刀流でいきたいというのも、もっともだと納得しました。

しかしそれと同時に、ある疑問を感じたのです。

僕は一六年間の選手生活で、バッターやピッチャーのトレーニングに実際に携わってきました。だから、ピッチャーと野手では違う体をつくらなければいけない、ということを知っています。専門職として目的に合う体をつくるのが、今のプロ野球のレベルなんです。

それなのに、一人の野球人を両刀のエキスパートとしてつくり上げることができるのか。

具体的に言うと、ピッチャーはマッチョな体格というより、筋肉のしなやかさ、関節の可動域の柔軟性が必要です。上質な釣り竿のような撓りを持たせながら、力強さもなければならない。繊細な部分がたくさん必要とされるのが、今のプロ野球でのピッチャーの体の条件になっています。

一方、野手のほうにも、身体的な条件があります。それだけ質のいい体を持ったピッチャーが、音を立てて球を投げてくるのですから、いったんバッターボックスに立てば、やはりパワーで打たなければなりません。

だから筋力トレーニングで、ややマッチョな体型をつくります。野手にはスライディングあり、ダイビングキャッチあり、ホームベース上などでスライディングしたときには、キャッチャーやランナーとぶつかることもあります。その衝撃に耐えるためには、体を大きく、筋肉をつけなければ危険です。それが野手の体の条件です。

極端に言うと、ピッチャーと野手のトレーニングは、まったく反対と言ってもいい。陸上選手を例にとれば、マラソン選手と短距離選手ほどの差があります。一人の選手が一〇〇メートル走で優勝、マラソンでも優勝、ということはありえないでしょう。

それと同じように、一人の野球選手が、違うタイプの仕事をどうやってこなしていけるのか。ファイターズの育成システムは、彼をどうやって成長させるのか。

ファイターズは、本当に大谷翔平を二刀流として育てることができるのか。

もちろん新しい野球選手として、二刀流で成功する姿を見たいと思います。目的に向けてチャレンジする姿を、楽しみにしたいとも思います。

でもやはり、しなやかなピッチャーと、がっちりした野手の両方を兼ね備えた選手は、今でもイメージできないですね。

世界でも日本でも、野球のレベルが高くなって専門職をつくらなければならない状況ですから、二者を兼ね備えた選手はこれまで見たことがありません。

大谷選手にとっては、やり甲斐《がい》のあるイバラの道といえそうです。

僕はそういう疑問を持ちながら、ある日、ブルペンにいる大谷選手を見させてもらいました。そこで彼が実際にピッチャープレートをさばいているのを見て、ド肝を抜かれたんです。これまでに見た、どの高卒、一八歳のピッチャーより、ズバ抜けてすごかった。

僕自身の一八歳の頃を思い出しても、全然レベルがかけ離れていました。

まず、プレートをさばく仕草ですね。几帳面《きちょうめん》に、プレートを足の裏に感じる。そして足を上げたとき、地面に突き刺さるように一本足で立った軸の確立のよさ。

キャッチャーに向かって踏み出す姿勢も、マウンドの傾斜をしっかりと利用している。長身であっても、マウンドの傾斜に逆らわないピッチングフォームでした。

キャッチボールで見た彼独特の〝間〟が、そのプレートでもありました。

キャッチャーが、大谷のストレートはこうなんだよと、頭の中に準備しておかないと、予備知識なしのいきなりでは、突き指をしてしまいそうなストレートを投げます。一瞬、遠近感がとれなくなるくらいの〝間〟の持ち主なんです。

剛速球が唸りを上げた瞬間、僕は「あ、ザ・ピッチャーがここにいた！」と思いました。その後も、一球、二球と球を数えるたびに、彼の魅力が出てきました。

投球練習においてさえ、一五〇キロ級の球を、キャッチャーミット目がけてミサイルのようにズドン！　と投げ込んでいました。投げれば投げるほど速くなる。

そこで、ピッチャー出身の僕は思ったんです。

まだ先のことでしょうし、二刀流の彼には水を差すような話ですが、チームの方針が二刀流のどちらかを優先するとなったときは、ぜひともピッチャーを優先してください、と。

「ファイターズさん、お願いしますよ」と言いたいのです。

週刊誌などでは、ピッチャー経験の少なさから、野手でいけという論調がもっぱらです。でも、考えてみてください。日本のプロ野球に、三割打てるバッターはたくさんいます。ホームランを二〇本、三〇本打つ選手、一〇〇打点を挙げる選手も数人はいるでしょう。

しかし一六〇キロを投げられる選手は、日本では彼一人なんです。しかも、プロになる前、高校生のときです。それほどの球界の宝を、ピッチャーとして育てなくてどうする。プロ野球でも一六〇キロ投げて勝ち星を挙げさせなくて、育成システムと言えるのか。彼の体をしっかりとつくり上げ、投手技術を高めさせ、プロ野球に一六〇キロの公式記録を残す。これがファイターズの育成の使命だと思います。

二刀流を続けていれば、壁にぶつかるときはくると思います。両方やれば疲れも出るし、まだ思春期の不安定さもあるでしょう。いつかどちらかを選択しなければならないときがきたら、ピッチャーを優先させてください。その後でバットを握っても遅くないと思います。もともとはピッチャーで、野手に転向した糸井嘉男の例もあります。

野球選手を長くやって行きづまってから、さてピッチャーをやろうとなっても、ピッチャーと違う体になってからでは遅い。ピッチャーの体は繊細でありながら力も必要という特殊性があるので、そこに遅れが生じてしまうかもしれない。これはピッチャー出身の僕の個人的意見ですが、そんなリスクを省く意味でもピッチャーを推します。

世界が驚くような夢の二刀流も成立させてみたい。でも現実的には、一六〇キロで投げられる体を維持しさらに向上させ、打者としてはアベレージヒッターとして、柔らかいバッティングで起用する。しかし、打てば先にはスライディングあり、クロスプレーありです。ドン！　と衝撃を受けると、体の関節回路がガラガラと変わることもあり、ピッチャーとしては避けたいところです。

その点からも、やっぱり僕は大谷選手にはピッチャーをやってほしいと切望します。

2・近藤健介

高卒の若さで入って来た選手に対しては、どのチームでも時間をかけ、いろんな経験をさせて育てるのが普通です。しかしファイターズがドラフト四位で獲得した近藤健介の場合、なんと入団早々の二〇一二年夏から、一軍のグラウンドに立つことになりました。

まず春のキャンプで首脳陣がルーキー近藤を見たところ、一〇代でありながら、すでにプロ数年目の成人選手となんら変わらぬ体力を有しているのが認められたそうです。

スポーツ選手の要といわれる下半身ですが、太腿《ふともも》の筋肉が非常によく発達している。さらにバットを振らせても、成人選手に劣らないスイングを示す。

キャッチャーとして獲得した選手なので捕手の動きを確認したところ、フィールディングにもスローイングにも機敏な動きを見せた。

キャッチャーにはピッチャーをリードする能力も必要ですが、これは今後の課題に残すとして、身体能力については、すでにかなりの完成度を持っていたんです。

そこで首脳陣は、まず経験させようということで、キャンプの途中から早々と一軍に合流させました。レベルの高い一軍のキャッチャーから、見て学んでほしいということですね。たしかに、新人として普通にコーチの指導を受けても十分育つでしょうが、彼のうまくなりたいという意欲の強さを見て、いっそ一軍の球を早く体験させよう、となったと思います。高卒の年齢では、一軍へ上がるのに三、四年かかってもまだ早いほうですから、その時点では誰もまだ即戦力とは思っていませんでした。

しかしこの狙《ねら》いはピッタリはまり、近藤はキャンプ後半、オープン戦、シーズン入りとしっかりこなして体験を積む中で、どんどん野球の勘をふくらませていったんですね。たしかに、二軍の中で実戦の経験を踏ませていく、通常の方法でも彼は伸びたと思います。

しかし近藤に関してファイターズは、左バッターとしての代打、俊足を活かした代走など技能の面で、十分、一軍レベルでいける選手だと判断したのです。

そして三カ月の二軍生活を経て、七月から一軍に合流するという、非常にまれな登用となりました。ファイターズでは五六年ぶり三人目という、レアなケースだそうです。もちろん、彼がそのレベルで頑張れる、と意欲を示したからでもあります。

キャッチャーは作戦力も含めて特殊なポジションですから、すぐに試合に出るというのは難しい。勘が必要なのですが、その勘は経験がなくては生まれないものです。

だから、立派なキャッチャーになってほしいという、ファイターズの期待を込めての大抜擢だったと思います。彼は、そう期待されるだけの野球を見せていました。

日本シリーズに出場して、代打で三試合という快挙もなしえました。日本シリーズのバッターボックスに立つチャンスなんて、そう簡単に与えられるものじゃないですよ。

いい経験ができて、さらに野球への意欲が湧《わ》いたでしょう。

大抜擢のシーズンが終わってオフシーズンとなったとき、近藤がまた一軍で活躍するには何が必要か。何をアピールし、何をなすべきか。そこをよく自問自答して、練習を重ねていかなくてはなりません。

二〇一三年春のキャンプが終わった時点では、十分に練習を重ねてきたことが見て取れました。バッティングは鋭く、下半身の筋肉も充実しています。

自主トレのときは、普通、何をしようかと迷うものですが、いい先輩にしっかりとついていって、自分を磨いていましたからね。今年も一軍の可能性は高いです。

これから期待したいのは、鶴岡慎也、大野奨太の両捕手をしのぐ勢いの選手になってほしい、ということです。

僕がそう声をかけたら、本人も「頑張ります」と言っていました。鶴岡、大野がクローズアップされているキャッチャーのポジション争いの中に、ニューフェイス近藤がド肝を抜く活躍を見せる日が来るかもしれません。

近藤のいちばんの魅力は、もの怖《お》じしない性格にあります。その性格は、試合に出たときに相当チームに貢献できる強さになります。ファイターズに今までなかった新しいタイプといえます。

パンチのきいたバッティングに加えて、斬新《ざんしん》なリードで攻撃力に長《た》けたキャッチャーとなってもらいたい。バットもきく捕手ということで、巨人の阿部慎之助のような選手になってほしいです。

攻撃力に長けたキャッチャーの出現に、期待してもらってもいいのではないでしょうか。

3・谷元圭介

彼は普通に会社員として勤務しながら、社会人野球で活躍してきましたが、プロ野球への夢を捨てきれず、また周囲からの推薦もあって、二〇〇八年にファイターズの入団テストを受けて合格しました。今、選手獲得はすべてドラフトが必要なので、ドラフトにかけられ、下位指名になるドラフト七位指名という形で、ファイターズに入団しました。

身長一六七センチの東京ヤクルトスワローズの石川雅規より低い一六六センチなので、日本のプロ野球選手ではいちばん低い選手ということになります。しかし小柄ながら、最速一五〇キロ以上の強い球を投げます。

一年目のキャンプは二軍でスタートを切りましたが、社会人野球で経験のある谷元は、非常に特徴のある投球をしていました。低いリリースポイントから、浮かび上がるような伸びのあるストレートが投げられる。思い切りのいいピッチャーとして監督やコーチの目にとまり、二〇〇九年、一軍のオープン戦に登坂のチャンスをもらいます。

そこで、緊張しつつも五試合に出てしっかりアウトを重ね、無失点の成績を残し、開幕一軍入り、四月には、全球団の新人で初めての勝利をあげました。

実質的にドラフト外ともいえるテスト生からの入団ということもあって、谷元は話題の選手になりました。テレビ、新聞、雑誌などたくさんのマスコミの取材が集まり、僕もその一人でした。そんなとき、僕には彼の発言の中で気になるところがあったんですね。

「プロ野球の世界って、こんな感じで勝ち星が取れるんですね」というような、少し軽んじている、ととられかねない発言がありました。

僕の偏見かもしれませんが、ピッチャー出身の僕としては、「いやいや、そうじゃない。厳しい世界なんですよ」と思いながら、インタビューをとることがあったんですね。

全力で短い期間を戦うというより、「シーズンを通して、自分のペースを考えながら戦いたい」とも言っていました。意識せずにポロッと出た言葉でしょうが、ベテラン選手のようなコメントです。ルーキーが自分の立場を確立するためには、やはりがむしゃらに全力疾走を続けなければならない、と僕は思っています。

タイミングよく勝ち星がついても、そんな野球観でいいのだろうか、と心配になりました。余計な心配でしたが、それが的中してしまいます。

その後は連続で打ち込まれることになって、二〇一〇年、余儀なく二軍行きとなりました。一度試練を与えた野球の神様は、結構、酷なもので、二軍生活は続きます。

でもその試練の中で、彼は自分のなすべきことに気づき始めたと思うんですね。社会人からテスト入団という経歴が、彼の財産になっていたと思います。境遇に負けない〝雑草魂〟が出来ていたから、二軍生活の中でもくじけずに挑み続けることができたのだと思います。もう一度、一軍で投げたい。その執念で頑張り続けることができました。二〇一一年、谷元は再び一軍のリリーフピッチャーとしてマウンドを踏むことになりました。二軍の監督やコーチに相談しながら、アウトの取り方を勉強していましたが、何度か二軍で先発ピッチャーを任されたとき、ゆるい変化球を有効に使って、長いイニングで投げられるということがわかったんです。

それまでは小柄ということもあり、リリーフ投手として短いイニングで出場していたのですが、先発に出してみて、新しい谷元が発見された感じですね。二軍の先発を何回かこなしたとき、二軍のピッチングコーチが「谷元の先発はおもしろいですよ」と一軍の監督に進言しました。

そして二〇一二年、勝ち星のない試合も続きましたが、九月、対オリックス戦で先発投手初の勝利を挙げました。それまでは強いストレートが武器でしたが、落ちる球もまじえながら、バリエーションをつけた変化球を自由に投げられるようになっていた。

それが一軍のレベルでもしっかりと通用し、勝利に貢献できるピッチャーとして、先発谷元圭介が誕生したのです。諦めずにずっと続けてきた、雑草魂の底力だと思います。

チャンスをもらった二〇一二年は二勝二敗、まさに二〇一三年が勝負です。キャンプでの姿を見ると、一人黙々とネットに向かって投げ、またランニングをしている谷元がいます。そこには、強い自分をつくり上げようとする努力が見えます。

小柄ながら体幹の強さ、下半身の強さはズバ抜けています。強いストレートから変化球まで、バッターが汗ばんでくるような球を投げます。初回から飛ばせる投手です。

二〇一三年、彼がローテーションの一角を占め、先発ピッチャーとしてマウンドを勝ち取ることができるか。僕は先発に推しますが、チーム事情でリリーフ陣になったとしても、彼にはすでに経験がありますから、しっかりとその場で活躍すると思います。

這《は》い上がってきた選手なんです。数々の試練が、魂の育成となりました。そんな谷元に、野球人生のドラマを見ていただきたいと思います。

4・中村 勝

二〇〇九年のドラフトで、菊池雄星の獲得に失敗したファイターズが、外れ一位という形で獲得した選手ですが、実はいきなりの一位で指名してもいいほどの存在でした。ルーキーイヤーには〝埼玉のダルビッシュ〟と呼ばれ、球団も右の本格派ピッチャーとして、将来は絶対に大投手になると期待しての入団でした。

ストレートは速い、大きなカーブなど変化球も投げられる。手足が長く、あれだけバランスのいい投球フォームを持っているピッチャーは、全国を探してもそうはいません。

僕も、ルーキーの彼が投げる姿を見たとき、これはローテーションピッチャーとして一〇年以上も活躍できるピッチャーになるな、と思いました。

この天性の適性を、さらに伸ばして羽ばたかせるのが球団の使命です。キャンプから二軍でコツコツと育てるファイターズの方針によって、彼も着々と成長を見せていました。

そんな一年目の二〇一〇年のシーズンに、ちょうど先発ピッチャーが足りないときがあり、中村を一軍の先発として抜擢しようか、ということになりました。

会議の中では、彼が二軍の試合では随所で光るものを表現しているし、ここらで一軍を経験させてみてもいいのでは？　ということだったんです。

しかし本人としては、一軍のマウンドに上がる以上は勝ちたい、投手中村勝《まさる》を披露したいという気持ちが強くなりすぎて、緊張しまくりでした。

僕自身、かつての初登板の日を思い出したほど、緊張が目に見えました。でも全力で投げる姿の初々しさは、ある意味で光っていたと思いますね。

ああ、今日は彼の第一歩の記念日になるなあ、と思って見守っていました。

そんな彼の姿は、チームにも響きます。野手陣の好プレーや他の選手たちのアシストもあって、彼は高卒ルーキーの初登板、初先発、初勝利という素晴らしいスタートを切ることができました。彼の野球センスとともに、持って生まれた星の強さを感じたものです。

ところがプロ野球の世界は、そう甘いものではなかったんですね。

翌二〇一一年は二試合のみで勝利なしの一敗。目の前にあるのは厳しさばかり、二軍生活が長く続くという現実がありました。

それは彼が一軍のマウンドで打たれたから、というのではなく、まだまだやるべきことが山積していたということです。体力強化、コントロールの充実、自分の持っている球種の組み立て方など、ピッチャーの能力を磨く時間が本当に必要だったんです。

そういうことで、二年目のシーズンはほとんど二軍生活でした。でも彼は二軍の中でしっかり成績を残し、いよいよ三年目のシーズン、二〇一二年のキャンプインとなりました。僕は解説者として、かなりの期待を込めてマウンドに上がる中村勝を待ち受けていました。しかし、すごく残念なキャンプインだと感じてしまった。

今だから言えますが、彼が求めているものと、チームが求めていたものが食い違っていたと思います。

彼はダルビッシュをすごく尊敬していました。ダルビッシュは野球に取り組む姿勢が実に真摯《しんし》な選手で、だからこそあれだけの成績を残すことができたのです。中村には、彼の信念を感じて自分のものにしてほしかった。

でも彼はダルビッシュについて練習を重ねるうちに、ダルビッシュに追いつきたいと思うあまり、形だけを真似《まね》るようになっていた。尊敬の向きが角度を間違えてしまって、それが頭にこびりついているように見えました。

本人は気づいていなかったでしょう。でも見守る側からは、つい「もの真似大会か」というつぶやきが聞こえるほどでした。

信念を真似ずに、見かけの雰囲気を真似てしまったかな、という残念なキャンプインでした。これはいつか本人が気づかなければいけないし、コーチや監督が悟らせなければいけないところでした。

ダルビッシュのやり方で強い球を投げられるのは、体格や力量も含めて、ダルビッシュしかいないのです。中村は結局、早々に二軍降格となってしまいました。

二軍では、いろいろアドバイスを受けながらも、もがき苦しみました。でも一度間違ってしまった歯車はなかなか修正できなかった。

指導者のアドバイスを受け止めながら、苦しんでもがき抜く、これは野球人なら誰もが経験する関門なのです。そこには、辛さに耐えながらも、野球人として大きくなるために、黙々と階段を登り続ける彼の姿がありました。

しかしそのもがきが、一つのきっかけで急に解消されることがあります。

それが、二〇一二年のフレッシュオールスター戦でした。期待される若手が推薦されて出る場です。そこで彼は短いイニングを与えられ、全力投球というものに改めて再会したのです。先輩の風貌を真似るのではなく、全力で自分を表現することこそ、自分のやるべきことだった、と気づいたのではないでしょうか。

新しい自分に会えた瞬間だったと思います。それが監督やコーチにもわかって、シーズン終盤には改めて一軍のマウンドが与えられ、さらに監督が自信を持って日本シリーズの四番目の先発ピッチャーを任せるまでになっていきました。

日本シリーズと、チームの勝利に貢献できたことは、大きな自信になったでしょう。

二月キャンプでの姿は、ほんの半年でガラリと変わりました。我々が求めていた中村勝として、たくましく変化していました。

見かけは同じでも眼光が違います。去年までは、ダルさんについていっていたけど、自分はどうなんだろう、という疑心暗鬼が見えました。でも今は、勝ち星を必ず掴むぞと、明確な目的意識を持って投球する、ピッチャーの目になっていた。

人が見てハッとするような投手、中村勝がそこにいたのです。

早ければ二〇一三年中に、二ケタ勝利を挙げるピッチャーに成長してくれるのではないですか。ファイターズの育成システムが結果として出てくる、モデルケースだと思います。

5・宇佐美塁大

二〇一三年、大谷翔平の入団によって、にわかにファイターズ二軍が注目され、沖縄・国頭村《くにがみそん》に人が大勢集まりました。

そこで僕も野球解説者として、話題の大谷翔平を見るために、バッティング練習場へと足を運びました。その日は、大谷がバッティングケージの中で、打者としての練習をすることになっていたからです。

たしかにゴールデンルーキーだけのことはあるなあと、内心、絶賛しながら見たのですが、その横に快音を発して打っているパワフルなバッターがいることに気がつきました。

もう一人の高卒ルーキー、ドラフト四位の宇佐美塁大《るいた》です。

カーンという球音に顔を見ると、目の鋭さが目を引きました。今後、何か起こしてくれる予感といいますか、将来はリーダーになりそうな意欲を感じたのです。

注目の大谷より一瞬、目を引くのではないかと思うほどの快音で打っていました。

僕は思わず、「高校でホームランを何本打った?」と声をかけました。「四五本です」という答えが返ってきました。心に自信を持っている、と感じました。パワフルな長打で活躍している、巨人の長野久義を連想させるタイプです。

練習ではあっても宇佐美には、投手に向かう姿勢がすごく感じられたんですよ。

バットだけ利くとか、パワーがあるとかで、その選手の将来性を見込んで獲得するのは、よくあることです。しかし宇佐美の場合はパワーだけでなく、バットコントロールのうまさがあります。センター、またはライト方向への強い打球は、大きな魅力です。

守備練習を見て、もっと宇佐美を見たいという気持ちになりました。粗削りではありますが、飛んでくるゴロへの姿勢など、守備も非凡なものがあります。

走る姿も地面をしっかりとらえて駆ける感じがあり、馬力があるな、と思いました。

走攻守、ともにバランスのとれた大型選手になれるのではないでしょうか。

そしてまた隣を見ると、そこにも視線の鋭い選手がいました。

同じく高卒ルーキー、ドラフト二位の森本龍弥です。

左バッターが増えている昨今ですが、ファイターズは、右の長距離砲として彼をしっかり育てていくと思います。

宇佐美、森本、ともにキャンプでのアピール度は抜群で、注目すべきは大谷だけじゃない、と思わせるものがありました。

両人とも、まずは二軍で経験を積んで成長を遂げ、ファイターズ内野陣、外野陣のポジション獲得競争に参戦していく選手になると思います。

中田翔たちの世代はまだまだ活躍しますが、五年後、一〇年後を見据えて選手を獲得していかなければならない。この新人二人を見たとき、ああ、ファイターズらしいドラフト指名だなあ、と思いました。

今後もファイターズは、将来有望な高卒の選手をとるのが目立つのではないでしょうか。即戦力にはならなくても、高卒の若さであれば伸び代《しろ》が大きい。

ファイターズは、その将来性を見極めることに自信を持って、新しい選手たちをピックアップしていくのです。

魅力たっぷりの、たくましいルーキーたちに注目してください。

6・西川遥輝

甲子園を沸かせた西川遥輝。そのバッティングの非凡さは、中日からメジャー、今は阪神にいる福留孝介のような大型左打者として、成長してくれるだろうと思わせます。ファイターズが二〇一〇年、ドラフト二位という上位指名で獲得した理由は、彼のバッティングを見ればわかります。あれだけ強くバットを振れる左打者は、なかなかいません。しかも、バットを振った後の走力もズバ抜けています。

そこへプロ野球のノウハウを叩き込めば、スーパープレーヤーが育ち上がるでしょう。球団はそれを期待して野球のいろいろを注入していたのですが、タイミング悪く、入団早々に右肩の故障が起きて、手術を余儀なくされました。

しかし若いので術後の経過もよく、彼のいちばんの能力であるバッティングには、すぐに取りかかることができました。打てば打つほど強さが出てきて、やはり光り輝く選手なのだと、チーム内に感じさせてもくれました。

ただし故障が肩だっただけに、スローイングのほうは、まだ時間がかかりそうです。チームとしては、投げるほうはだめでも、彼のバットを早く戦力として使いたいのです。

そこで一年目のリハビリを終えて、入団二年目のシーズンが来たとき、球団はこの二〇歳の青年を、早くも一軍に大抜擢しました。

守備についてスローイングはまだできませんが、バッターとして、または代走ランナーとして、二年目の開幕戦に西川をベンチに置きました。

異例中の異例といえますが、それだけ走る能力、打つ能力に長けた選手だということです。彼は投げられないストレスがありつつも、意欲を持って与えられたチャンスに挑んでいきました。そして初出場はランナーでしたが、その後は盗塁に成功し、ヒット、ホームランも打つことができた。

シーズン中盤からはボールを投げるようになり、守備にもついて、先発出場のスターティングラインナップに名をあげるまでになり、二年のうちに頭角を現してきました。

球団としては、彼の能力を早く回復させたいからこそ、早期の手術に踏み切ったのでしょう。それがいい方向に向かいました。

その西川が、「勝負の三年目」という言葉を口にしています。

セカンドのレギュラーだった田中賢介のメジャー行きで、ぽっかり穴があきました。そのポジションを、奪い取れるチャンスが来たのです。

彼は二〇一三年を勝負の年と捉えて、挑もうとしています。

まだ初々しかったその姿に、力強さが加わってきました。監督やコーチの期待に応えようと、頑張っています。

OBで解説者の僕としては、もっとギラギラした意欲を見せてくれてもいいように思っています。でも彼にはやるべきことが山積していて、黙々と没頭しているので、ギラギラ感が見えないのかもしれません。

早朝いちばんに球場に来て、守備練習、合同練習をこなし、さらに個人練習で守備やバッティングに取り組む西川がいます。

プレーの内容を見ると、スローイングはまだ今後の課題としても、走力、守備力は前年以上のレベルに上がってきました。

監督もコーチも、一番、二番、三番と、早い打順で打てる選手に育てたい思いでしょう。まだ肩が完治しないのに一軍の試合に出場させた意味は、二〇一三年、あるいは二〇一四年に、しっかりレギュラーとして育ってほしい、いや育てるぞ、というチームの強い意志があるからです。

僕が「ギラギラした意欲を見せてほしい」と言うのは、前面に声を出したりもしながら、潑剌《はつらつ》としたプレーを見せて、自分の力でポジションをもぎ取ってほしい、という意味です。彼なら、それができるでしょう。打率三割の可能性もあり、それができれば自信となって、さらにバージョンアップできるでしょう。

異例の抜擢からも、この先、五年、一〇年とレギュラーを張れる選手になってほしいという、首脳陣の期待が読み取れます。

しかし、二塁には、対抗馬も多い。元気印の杉谷拳士、守備の中島卓也、ベテラン飯山裕志、いぶし銀の今浪隆博、加藤政義。このサバイバルの中、西川遥輝はしっかりと立って、自らレギュラーを摑み取ってほしい。僕はエールを送ります。

7・谷口雄也

顔写真を見てもらえばわかるように、チームきってのアイドル顔です。まだ一軍での成績がそれほどでない今の時点でも、老若男女のファンたちが大勢、谷口雄也を応援していると思います。

二〇一〇年のドラフト五位で入団しました。僕もマイクを向けたことがありますが、受け答えはとても丁寧で、自己主張もしっかりできる選手です。

技術面ではまだ修業が必要で、線の細さはありますが将来が楽しみ、というのが第一印象でした。徐々に成長している段階、といっていいでしょう。

入団一年目は二軍での生活がずっと続き、日々訓練に打ち込んでいましたが、二年目から、二軍の中でも主力選手として試合に出場できるようになってきました。

二軍レフトのレギュラーを勝ち取り、チームの最多一〇〇試合に出場しています。そこで彼は長打の打てる左バッターとして、また俊足の選手として、首脳陣に注目されました。

二年目のシーズンのあるとき、ファイターズの絶対的なレギュラーだった糸井嘉男が怪我で試合に出られないことがあり、谷口はそのチャンスを摑むことができました。

二年間、しっかりと二軍で成績を出していたからこそ、首脳陣の評価を得て名前を出してもらえたわけです。

そこで彼は一軍の試合に出場、思い切りのいいスイングでヒットを打ち、打点を稼ぎました。そして守備でも、ライトのポジションからバックホームの送球、しっかりランナーをアウトにして補殺記録までも打ち立てることができました。

一軍出場は少なかったですが、監督やコーチは「この選手は将来必ず、戦力として育っていくな」という感想を持ったと思います。

彼への期待度はどんどん大きくなり、二〇一二年のシーズンが終わった秋のキャンプでは、強化指定選手に指名されました。

そして二〇一三年、外野手の糸井嘉男が電撃トレードでオリックスへ移籍、ライトのポジションが一つあきました。そこで強化指定選手の一人として、谷口の名が大抜擢組の筆頭に挙がっています。

高校を卒業して三年目で、まだ体が出来上がっていない彼ですが、役目を与えて取り組ませることによって新しい自分を発見し、花を咲かせてほしいという球団の期待があります。

そう期待させたのは、彼が二軍での成績を重ね、少ないながら一軍で活躍を示せたからにほかなりません。

キャンプで見ると、ひと回り体も大きくなりました。打球も、遠くへ飛んでいます。徐々にプロ野球選手のあり方を示すことができるようになりました。でも厳しい目で見れば、一軍で戦うには、まだまだの部分があります。

野球人としては成長期の段階で非力、体力が不足しています。反復練習でもすぐ疲れた表情をしたり、へばったりしていますが、それも試練です。

鍛錬で強さを身につけ、本当のレギュラーを獲得してほしいものです。

二〇一三年、レギュラーになれると断言はできません。でも可能性は持っています。

二年後、三年後、谷口雄也がしっかりと外野の一角を守っている姿が想像できます。

彼にチャンスを与えようとするファイターズの期待と育成方針、そしてそれに応えようと奮闘する谷口の姿に、注目してください。

毎日が勉強の選手ですが、シーズンが終わる頃には、「いやー、谷口の存在がおもしろくなってきたね」と周囲を唸らせてほしいですね。

僕の期待としては、真面目《まじめ》で頼れる稲葉篤紀のような、またバットの切れでは福留孝介のような選手になってほしいです。

福留のようにとは、西川遥輝のところでも言いました。そういえば、西川と谷口のバッティングは似たところがあります。ファイターズ好みのバッターなのかもしれませんね。

ボールにバットをうまく合わせるミート力はまだ粗削りですし、体力もこれからという発展途上の段階ではありますが、彼の能力とスター性を見たとき、糸井の後釜《あとがま》として活躍する日は近いかもしれません。

パ・リーグきっての人気選手になる可能性がある谷口雄也、二〇一三年が飛躍の年になるように、どうぞ見守っていてください。

4章

人を育てるチーム方針とは何か

いい監督のリレー

アメリカ流のヒルマン監督

ファイターズが北海道に移転したときの監督はトレイ・ヒルマン監督でした。

彼はニューヨーク・ヤンキースでマイナーリーグのコーチ、監督などを経て、二〇〇三年にファイターズの監督になりました。

もともと日本ハムファイターズとニューヨーク・ヤンキースは業務提携の契約をしていて、親しい交流があったんですね。僕自身も一九九一年と一九九三年の二回、野球留学で渡米し、ヒルマン監督の指導を受けました。

最初に行ったとき、彼は二九歳、強化チームの監督でした。怪我で現役を退いてはいましたが、指導能力に長《た》け、非常に人望の厚い人でした。

そんな縁があり、気がつけば日本の球界、ファイターズの監督として来日です。ヒルマン監督は最初、頭のどこかには野球ならメジャーリーグがいちばん進んでいる、という感覚があったでしょうね。日本の野球をどうこうしようというより、メジャーリーグのベースボールをチームに浸透させたいという気持ちが強かったと思います。となると、その方向性に疑問を持つ選手がチラホラと出てきました。同じユニフォームを着ていても、なんかソリが合わなくて、という感じです。

言葉の壁もありました。会話してもお互いに即座のレスポンスがないし、通訳を介するせいか誤解も生じて、どうも歯車が嚙《か》み合わない。僕もその一人でした。

ところが不思議なもので、そこに情熱と誠意があれば、言葉の壁は時間とともに解消されていくんですね。アメリカン・ベースボールを浸透させたかったヒルマン監督ですが、日本の選手たちの特長を肌で感じるうちに、日本人気質を野球にどうやって活かすか、ということを研究するようになってきました。

ファイターズのベースボール・オペレーション・システムも、当時はまだありませんでした。フロントもチームの現状を掌握することは難しく、すべてを監督に委《ゆだ》ねて、どんな方針で戦っていくのかをただ見守っている状態でした。

でもヒルマン監督は研究に研究を重ねて、日本人の特長を摑《つか》みながら、彼自身、自分の野球観をどんどん変えていったと思います。僕が言うのも大変失礼かと思いますが、日本で監督としても成長されたのではないでしょうか。

ヒルマン監督も初めの頃は、「送りバント」をする選手に対して「なぜ一つアウトを献上するんだ」とズバリ言っていました。でも後には、「サクリファイス（犠牲）」という言葉を使うようになっていました。犠牲となったアウトを活かさなければいけない、サクリファイスの意味を無駄にしてはいけないというふうに、あの三、四年で彼の頭の中もグッと変わったと思います。

監督が〝ベースボール〟と〝野球〟の融合を考え、選手たちの誤解が理解に変わっていった結果、チームは束になって二〇〇六年、日本一に輝きました。さらに翌二〇〇七年はリーグ優勝と、みごとに連覇をなし遂げたのです。

そこに至るまでには、フロントがまだ若いヒルマン監督に対して、選手たちの日本人気質というものを説明して理解を求めながら、互いに成長を遂げていったと思います。

またオペレーション・システム導入のきっかけとしても、ヒルマン監督が持ちこんだベースボールの浸透は大きな影響を与えてくれました。それまでの日本ハムとは大きく変わりました。初めは誤解もありハレーションも起こしたものの、いつしか具合よく氷解してシステムを完成させ、今日に至っています。

そしてヒルマン監督は、日本での実績が認められて、メジャーリーグの監督になっていきました。

ファイターズは本拠地を北海道に移す以前からアメリカへコーチ留学させていました。白井一幸さんは一年間、ヤンキースのユニフォームを着てコーチをしていましたからね。田中幸雄元ピッチングコーチも留学組です。

ファイターズは人を派遣してまで、世界最高峰のベースボール集団からメジャーリーグのノウハウを勉強しようとした。それも、日本のプロ野球のレベルを上げたい一念からですね。まず、そんなチームの心意気があり、さらにアメリカから監督を招いて戦っていく中で、ともに成長していったのだと思います。

アメリカから監督を招くことも、若い選手を留学させることも、一種の冒険ですよね。チームが高い志を持ち、あえて冒険を恐れなかったからこそ、北海道移転は成し遂げられ、結果も残せたのだと思っています。

さらにレベルを上げた梨田采配

レベルの高い野球がしたいというチームの思いの強さが、近鉄バファローズで監督経験のある梨田昌孝監督に白羽の矢を立てさせました。

あの荒くれ集団をしっかり束ねられていたという梨田監督に、ファイターズという発展途上のチームをいっそう強くしてもらいたい。そういうオーナーの意向が実現して、ファイターズは伸び伸びと力を発揮するようになり、それがチームカラーともなっていきました。

僕も梨田監督とは何度もお話をさせてもらいましたが、一見放任主義に見えながら、プロ野球の厳しさ、勝つために必要なことをしっかりと芯に打ち込んでくれたのが梨田監督だったと思います。でも無理やり強制するやり方ではなく、選手たちはあくまでも伸び伸びとやっていました。

梨田監督のことで個人的にすごく好きだったのは、「野球人は紳士の集団であれ」というポリシーを持っておられたことです。

プロ野球というのは、言わば個性の強い個人事業主の集団みたいなものですよ。ファッションにしても、頭の中のこだわりにしても、みんな独特なものがあるんですね。まして若者が中心ですから、ファイターズは見方によっては「イケイケ球団」みたいに見えたかもしれません。内容は真面目な選手なのに、外見だけで柄《がら》が悪く見えてしまったり。

でも梨田監督は、誰が見ても一目で「すばらしい集団」だとわかるような姿勢をつくりたいと思われた。だから、選手たちが外出するときの服装にも注文をつけました。キャンプ中の外出時などに、ジャージ姿でうろうろするのは控えようと。

すぐそこのコンビニに行くぐらいはいいとしても、人と会って食事をしたり、公共の乗り物で出かけるような場合は、きちんと身支度して服装を調え、プロ野球選手であることを常に意識して行動するようにと、選手たちに伝えました。

これは、梨田監督だから言えることだったと思います。

ヒルマン監督はあまりそんなことを気にしない人でしたから、選手たちもキャンプ中や休日には、短パン、Tシャツにサンダル履きで出かけたりしていたんですね。沖縄の気候では、もちろんそれもありです。

しかし梨田監督はＮＨＫで解説者をされていた期間も長く、球界以外の人と会う機会が多かったでしょう。一般社会の感覚をわかっておられたから、プロ野球選手の見た目、見られ方をすごく意識されたのだと思います。

ＯＢの僕も、そういう監督の方針を聞いてからは、外出時の服装や普段の立ち居振る舞いを意識するようになりました。これは選手たちが、大人の男性としての感覚を身につけていくチャンスでもあるなあ、と思っていました。

選手たちも文句一つ言わずに、「そうだよね」という感じで従っていました。これまではちょっと甘えていたねということで、ジャージのままぶらりと出るのをやめて、襟付きシャツにちょっとおしゃれなジーパンなどで外出するようになりましたからね。

オーナーサイドには以前から、我らの球団をこうつくっていきたい、という理想があったと思います。初代オーナーの大社義規《おおこそよしのり》さんは、梨田さんがＮＨＫで解説をされている頃から会っていて、「いつかはうちのチームを見たってくれよ」と言っておられたと聞きました。

それを覚えていて、大社啓二前オーナーが実現させたのかなあと僕は勝手に思っています。そうでなくても、先代の意思は自然に伝わっていたと思います。

北海道移転当時のファイターズは若く勢いがあり、人目にはイケイケの若者集団とも見えていた。それが三年目に優勝、日本一にまでなっていく中で、人から見られる目も一つステップアップしました。こうした大人感覚を植えつけてくれた梨田監督の存在は、チームが成長するための貴重なポイントになったと思っています。

梨田監督は在職四年、戦績を見ても二年目にリーグ優勝をしています。

経験なしの栗山監督の柔軟な感覚

そしてご存じのように、北海道に移転してから三人目の監督として、二〇一一年、まったくプロの指導経験のなかった栗山英樹さんが監督になりました。経験はないですが元プロ野球選手であり、テレビ朝日、ＴＢＳのスポーツキャスターとして長く野球解説をしていた人ですから、頭の中では監督の立場からの模擬的シミュレーションをずっとされてきたと思うんですよ。実際に采配《さいはい》は振らなくとも、こうすればいいのでは、という思いがあったはずです。

栗山さんは事前に球団フロントと話し合う段階から、チームの方針や選手たちの特徴をしっかりとリサーチし、ディスカッションを尽くして就任されたと思います。

自分なりの野球スタイルを実戦の場で表現される中で、選手たちがその答えを出してくれたのだと思います。

栗山監督の特徴は、柔軟性でしょうね。新しいことを、拒《こば》まずに受け入れられる。時にはそれが、前例のない大胆さで発揮されることもあります。

スポーツ界では、俺はこれでやってきたんだと、自分の経験だけに固執する頭の固い人も少なくありません。でも、栗山監督は違います。新しい提案があれば、とり入れてみようかと言える人です。

僕がキャンプを見に行くと、栗山さんは「ガンちゃん、気がついたことがあったら選手たちに声かけてあげてね。アドバイスどころか、ズバリ指導していいから」と言われるんですよ。多分、栗山さんがキャスターをしておられた頃、選手のそばに行きにくいな、と思われたこともあったのではないでしょうか。だから解説者としてまったくの後輩である僕に、「気を使わなくてもいいよ」と配慮してくださったのだと思います。

もちろん、それは遠慮させていただきました。なぜかと言うと、僕ら外部の人間がそれをしてしまうと、コーチの方々が長いスパンで見ているその選手に対する指導計画が、崩れる可能性があるからです。ＯＢとして、「それで困ったとき、俺はこういう練習をしていたよ」ぐらいのアドバイスはできても、指導となると出番ではないと思っています。

栗山監督の考え方が並々ならず柔軟であることは、人選にもよく表れていて、それは後のコーチの項でお話しします。


ファイターズが北海道へ移転してからの歴代監督を見ていくと、ある共通点があります。それは武闘派ではなく、理論派だということですね。

ファイターズがつくってきたベースボール・オペレーション・システムという宝を、ちゃんと理解して活用できる人たち、それを重んじることのできる人が監督になっています。従来型の価値観の持ち主といいますか、何が何でも現場で汗を流しとる人間がいちばんエラいんや、というような感覚の人は、多分ファイターズの監督にはならないと思います。

またファイターズの監督について言えるのは、一軍と二軍の連携がいいということです。他の球団では、一軍と二軍が近い距離にありますから、二軍の選手はいつでも一軍の活動や監督の指揮ぶりを見学に行くことができます。でもファイターズの場合、一軍と二軍には北海道と千葉という距離があるので、そういう学びはできません。

それでも選手が強く育ち、供給も的確に行われていく理由は、二軍から一軍に上がるシステムが違うからとも言われています。

他球団では選手を一軍に上げる場合、コーチが直接、監督に進言するそうです。フロントも一軍二軍間の採否に関与することはなく、最後は監督の決断となります。

ファイターズの場合は、一軍と二軍の監督やコーチの間のコミュニケーションが充実しているので、監督は選手について常に豊富な情報を得ています。二軍の指導者たちは、選手にとくに問題がない場合でも、「今日の○○選手は、いい動きをしていましたよ」というような一言を必ず添えて、一軍監督に伝えていると聞きました。

そうでないと、つい長い空白が出来てしまい、「あれ？　あの選手は最近どうなってるの？」となりかねない。二軍側は、決してそんな言葉が出ないように心がけているそうです。

だから監督はどの選手がどこまで到達しているかが日々わかり、千葉や埼玉で試合があるときに鎌ケ谷まで足を延ばして、その選手を直接見ます。動きや調子を見て、報告通りと納得するところがあれば、「では一軍に上げよう」となります。

一軍、二軍の監督の間に密接なコミュニケーションがあってこそ、選手の用い方が無駄なく合理的に活きてくるのだと思います。

コーチの育成システム

配置換えの効果

日本ハムのコーチ育成システムには、独自なところがあります。

例えば従来の監督の中には、右大臣左大臣よろしく、特定のコーチとだけ組んでいく人がいました。たしかに監督はやりやすいでしょうが、そういう固定した関係でないほうが選手にとってはプラス面が多いと思います。

成績が振るわない選手が二軍降格、というのはよく聞きますが、コーチの中で降格とか昇格はないですね。一軍のコーチが偉くて、二軍のコーチはそうでない、ということもありません。とくにファイターズの方式では、二軍の監督やコーチがいなければ、一軍の監督とコーチは機能できないですからね。降格昇格ではなく、普通の配置転換が当たり前になっていて、おのずといろいろな経験ができるようになっています。

藤井前社長から、「フロント、スタッフもいろんなことを経験して、そのいい部分も、痛みの部分も知ることが大事だ」と伺ったことがあります。まさにそれが実行されていて、一軍のピッチングコーチを数年やり、次は二軍に行って若い選手を育て、その選手が育ったときにはまた一軍に来てその選手を一軍の舞台で羽ばたかせる、ということもあります。

今の時代は人の変化が激しく、社会では毎年、現代っ子とか新人類が話題になりますよね。コーチには人を見る目が大事ですから、十年一日の如《ごと》く人を見ていては、若い選手を理解できなくなります。その点でも、配置転換は効果があります。

これまでバッティングコーチをしていた人が、次の年は守備を専門に教えてくれと言われることもあります。野手の人は守備のエキスパートでもありますから、能力がフルに活かされることになります。そうやっていろんなことを経験させ、時には作戦コーチ、ヘッドコーチとして名を上げたりもする。そういうふうに、チーム内シャッフルがとても激しいチームだと僕は思っています。

監督は指揮者の位置づけですが、コーチのほうは球団として育成もされ、各所へも派遣されます。役割が固定せず、いろんな部門に力を発揮するコーチがいてくれることは、選手たちにとってメリットになります。

例えば選手も人間ですから、あるコーチとはウマが合わない、という場合があります。でもバッティングコーチの中に、以前守備コーチをしてもらった人がいるとすれば、「僕はあのコーチのほうが話しやすいから、ちょっと守備のアドバイスをしてもらおう」と言えるじゃないですか。まったく配置転換のないチームだと、バッティングコーチに守備のアドバイスを受けているのを、守備担当コーチが見ようものなら、一気に摩擦勃発《ぼっぱつ》ですからね。

そういうことを避ける意味でも、みんながいろんなことをアドバイスできるのはいいことです。そういうふうに、コーチにもいろいろな経験をさせることで、幅広い指導ができるようになります。

それが、成績にもしっかり結果を出している要因のひとつだと僕はとらえています。

日本ハムでコーチをされた人は、他のチームに行っても不思議と功績を挙げられるので、契約が切れると「今度うちでやらないか?」と声がかかることも多いと聞きます。

ヘッドコーチ大抜擢の真相

栗山監督の人選で特にフレッシュだと感じたのは、二〇一三年から高校野球の監督をされていた阿井英二郎さんをヘッドコーチに登用したことでした。

阿井さんで言えることは、教師という経歴から考えて、まず人への観察眼のある人だろうということです。若者の心の動きに関心を持ち、体験も重ねてきた。

チームをよりよく運営していこうとすれば、大人たちは、いわゆる〝今どきの若者〟を知っておく必要があります。「ゆとり世代」がもうプロ野球選手になっていますからね。

今どきの若者たちが頭の中で何を描きながら戦っているのかを理解した上で、指導法を考えなければうまくいきません。高校野球部の指導者として実績を挙げてきた阿井さんなら、きっとよきアドバイザーになれるだろうし、そういう人を選手のそばに置く意味もその辺りにあると思うんですね。

高校野球では、三年間という限られた時間の中で、燃え尽きるまで情熱を出しきらなければなりません。どこまでが可能かと常に見守りながら、最高の人間力を出しきれるように、若い選手を羽ばたかせてあげたい。それが栗山監督の意向だろうと思います。選手を駒でなく人として動かす意味で、栗山監督の特徴がよく出た人選だと思いました。

これまでプロ野球の指導経験のない人をヘッドコーチに持ってくるなんて、なかったことですよね。この発想がファイターズらしいと思います。ＯＫしたオーナーやフロントもすごいし、既成概念にとらわれないというファイターズの理念をはっきりと表しています。

最初、阿井さんの人選を聞いたときは、たしかに一瞬、「えっ？」と思いました。

僕が教師時代の阿井さんと再会したのは、三、四年前のことです。札幌の中央市場でしたか、テレビの仕事をしている合間に、急に声をかけられました。

「岩本くん。阿井だけど」

「久しぶりです」

「今、うちの生徒と修学旅行に来てるんだけど、生徒と写真撮ってくれないかな」

そんなわけで久しぶりに再会し、生徒さんたちと記念写真を撮りました。

生徒を喜ばせたかったんですね。

阿井さんらしいと思いました。

栗山監督と阿井コーチの共通点は、教員免許を持っていることです。

栗山さんは教授として教壇にも立つんですよね。教育者は直接人と向き合う仕事ですから、人への関心の持ち方、分析と対応などの点で阿井さんとはわかり合えるはずです。今どきの若者たちを見て感じるところもあるだろうし、より若い世代について「今はどんな感じ?」と阿井さんに聞くこともできるでしょう。

栗山さんが阿井さんをヘッドコーチにしたというのは、相当頭が柔らかいということです。人を動かす手段として、今考えられる中で究極の選択だったと言えますね。

阿井さんにプロ野球コーチの経験はありませんが、栗山さんは一年先に現場でやってこられた。二人でディスカッションしながら進めば、このタッグはすごく強いものになるのではないでしょうか。これからが楽しみです。

チーム内サポーター

トレーナーはお母さん役

ファイターズには、トレーナー、映像記録の人など、いろいろとサポートしてくれる人たちが活躍しています。

まずトレーナーというのは、選手のフィジカル面を担当する人たちです。

人間、体のどこかに不調を抱えると、心理的にも不安になってしまうものです。

例えば足に故障があると、上半身のどこかもおかしくなったりして、全体のバランスを失ってしまうことがあり、選手もそれを恐れます。

トレーナーは、そばで一緒に汗を流しながら、その不安を解消してあげなければいけないんですよ。プレー前のストレッチ運動しかり、プレーが終わった後のマッサージしかり。そういうスキンシップもありつつ、その選手の不安を取り除き、球場でベストパフォーマンスができるようにサポートするのが役割です。

マッサージやストレッチだけでなく、トレーニング方法や抵抗運動などもサポートしてくれます。筋肉や肌に直接触れますから、すごく選手と近い存在になるわけです。

でも数人のトレーナーさんが態勢をつくって仕事をしていく中では、何十人もの選手の状況を把握しなければなりません。選手たちの動きや表情を見て、あるいは選手に言葉をかけたとき、声の響きはどうか。会話の中で調子をうかがいながら、体の機嫌や心の機嫌を確認していきます。

選手とともに汗を流すトレーナーとは、言ってみればお母さん的存在ですね。

例えば関節の痛みが抜けないときに、周りの筋肉をほぐすことで、「ほら、もう動くようになっただろう」と痛みを物理的に解消してくれる。

おなかが痛いときに母親が手を当てるだけで、子どもの腹痛が治ったりすることがありますよね。まさに「手当て」で、そういう役割をするのがトレーナーです。

日本ハムは他チームに比べてトレーナーの数は多いですが、選手別の担当制ではありません。バランスや動きを担当する人、ストレッチやマッサージを担当する人、という分かれ方にして、その担当も半年に一回、一年に一回と変えながら、すべてのことを把握して選手にベストコンディションになる環境を提供できるよう、準備がされています。

父親役の映像解析者

映像解析の担当者もいます。撮影の担当者は、例えばバッターなら構えや姿勢がそれぞれ違うので、ルールに従ってグラウンドを移動し、場所を変えながら撮っています。バッティングピッチャーやブルペン捕手が映像解析を兼ねている場合もあり、映像専門の人もいて、みんなでタッグを組んでやっています。

バッティングピッチャーと兼務の場合、バッターに気持ちよく打ってもらって、道具の片づけなども全部やります。そして試合中は映像をしっかり見て、それを客観視しながら、選手の動きをチェックしてくれているんですね。

選手が「今日はうまいことといかんな、うまくボールを叩《たた》いたと思ったのに、なんでファールチップになったんだろう」と疑問に思ったとき、資料室へ映像を確認に来ます。

「あのときの、何打席目の映像ありますか?」と聞くと、映像係の人が「ああ、あるよ」とパッパと巻き戻してくれて「はい、これ見て」と言う。

選手は自然に、「これどう思います?」とその人に聞きます。すると「じゃあ俺の目線で言っていい?」となりますね。指導でなく、客観的に意見を言うわけです。

「ほら、ここ。映像でわかるだろ、頭の上下のブレ。俺はちょっと気になったんだなあ」というそのひと言が、選手の胸のつかえを取ってくれるんです。

「ほら、見てみ、こういうことやんか」というひと言、ふた言で、疑問を片づけさせて気持ちを楽にする。トレーナーが母親役なら、映像解析は父親的存在ですね。

環境が一定で光の変化もないドームだけに、映像は鮮明に撮れていて、しっかり記録として残されていきます。

選手を冷静に見る広報担当者

もうひとつ、広報担当者がいます。

プロ野球の選手になると、自分はどう見えているのか、またどう見せていくのかと、自分のイメージを考える必要が出てきます。

しかし選手たちはプレッシャーの中で目いっぱい戦っていますので、メディアからの質問がパッと感情に触れてしまうことがあるんです。それが思いもよらない失言になったりする。または、自分ではよかれと思って言ったことが、人を傷つけてしまうこともあります。選手は個人ではありますが、発言が人々に影響を与えるという点では、公人と言ってもいいくらいの存在なんですね。

だから球団広報というのは、メディアと選手を繋《つな》ぐパイプ役になるだけでなく、選手が方向を誤らないように気をつけなければいけません。とくに若い選手はマスコミに接する経験が少ないので、ついヘマを言ってしまうことがあります。ですから、ただ取材を取り次ぐだけでなく、「今度受けるインタビューでは、こういうことが求められているんだよ」とアドバイスしておくことが大切です。その選手がその時点で言うべきことを上手に伝え、マイナスのイメージが一人歩きしないように気をつけるのも広報の役割です。

まずい発言があったら、「今の言い方だと誤解されそうだな」と付け足しのコメントを入れることも必要だし、気が進まなくてインタビューを断る選手がいたら、「君はプロでしょう。プロならひと言でも一行でも、ファンにメッセージを送るのが務めじゃないかな」とやんわり言ってくれるのが広報だと思うんですね。

それをうまくやっているのが、ファイターズ広報の方々だと思います。それぞれの視点で、いい質問をリアルにぶつけているなあと思いますね。

人間には光の部分もあれば影の部分もありますが、なるべく光の部分を見せていくのがスポーツの世界だと思うんですね。

それを下手な人がアドバイスなしでやると、妙に影の部分だけ強調された記事になったりします。プロ野球選手は人気商売ですから、なるべく光の部分を出してあげたいものです。

僕はメディア側としてマイクを向けることが多いので、選手の応答が変わったな、と気づくことがよくあります。

「あの選手は発言がよくなりましたねえ、ハキハキしてるし、ニーズに応えてきちんと発言できるようになりましたよ」と広報担当者に言うと、「いや、いろいろあったのよ。初めはとがってたもんねえ」と、ぽろっと言ってくれることがあります。

数々の関門をくぐり抜けてきたプロ野球選手ですから、つい「俺はこれだけできるんや」と天狗《てんぐ》になることもあります。

でもうまくアドバイスして、表現の仕方を上手にコントロールできれば、積極的で前向きな、いい人間性を伝えることができます。選手も謙虚さが必要なんだな、とか、こう言うほうがいいんだな、と学んで成長するでしょう。

その意味でも、ファイターズにはいいアドバイザーがいると思っています。

いい育成はいい環境から

次は、一軍を支えている二軍という存在についてお話しします。

ファイターズの二軍がいるところは、ご承知の通り千葉県の鎌ケ谷市です。

本拠地から、こんな離れた場所に二軍を置いている球団は、ほかにはないでしょう。

なぜ、そこなのか。東京ドームがフランチャイズの時代には、鎌ケ谷なら環境はいいし、都内から一時間ほどで行けるし、まあまあでしたよね。でも北海道に移転となったときは、さすがに鎌ケ谷でいいのか、という声が出ました。

たしかに、札幌近くにも安く購入できる土地はあったかもしれないし、鎌ケ谷の練習場を他の球団に売却することもできたかもしれない。他の球団はたいてい、メイン球場の近くに二軍を置いていますからね。でもファイターズはあえて移転させなかった。

もちろん、せっかく造ったからということもありますが、今は、一軍が北海道、二軍が千葉というその距離感が、かえって若い選手たちに意欲を持たせたのではないかと思っています。例えばメジャーリーグのニューヨーク・ヤンキースは、フロリダなどあちこちにマイナーリーグをかかえています。選手はマイナーを転々としながらメジャーを目指し、うまくいけばようやくニューヨークに行けるわけです。それと同じように、一軍になればあの札幌ドームで試合ができるんだ、という感覚が生まれるのではないでしょうか。

最新鋭の設備があり、ショーアップが充実していて、ファンの方々が目いっぱい歓声を送ってくれるのが札幌ドームです。野球選手としての充実感を体感できるあの場所で、早くプレーがしたいという気持ちがより強くなるのではないでしょうか。

鎌ケ谷は東京に近いですが、自然が豊かな所なんです。そしていちばん困るのは暑さです。真夏の鎌ケ谷は本当に暑い。炎天下でハアハア苦労しながら二軍選手として汗を流すのか。それとも、パフォーマンスがハイパフォーマンスに変わるような、あの札幌ドームでプレーするのか。それが自分の頑張り次第で、変わるかもしれないのです。

僕は北海道に移転して二年間プレーをしましたが、怪我もあって、半分以上は二軍生活でした。一軍にいて、「明日から二軍に行ってくれ」と言われたときは本当にショックでした。一六年選手の僕でさえ、またあの暑い所へ行くのか、と思いましたからね。

いつまた一軍に上がれるという確約もないですし、そう思うと、いったん、一軍に上がった選手は、死にもの狂いで目いっぱい、一軍にしがみつこうとします。

今、同じ境地に立っている若い選手たちの、汗と泥にまみれた姿が目に浮かびます。

千葉に二軍があるということは、気温の差や憧《あこが》れ的要素なども含めて、すごくいい作用をしているのではないでしょうか。

ここまで話すと、何かマイナーな感じを受けられるかもしれませんが、実はとんでもない。鎌ケ谷のファイターズタウンは、これが二軍施設か、と驚かれるような施設なんです。その充実ぶりは、一二球団でもトップクラスです。

まずは本球場が、東京ドームと同じサイズで造られています。

昔のことばかり言うと思われるかもしれませんが、僕らが多摩川の河川敷で練習していた頃は、日射しを遮るものが何もありませんでした。そんな事情を知る幹部の人たちが、大金をかけて「ファイターズタウン」と誇れるほどの球場を造ったんですね。

そこに、常勝ファイターズの根本があると思っています。

今、スタンドつきの練習場で練習ができる二軍選手は、ほんとに幸せですよ。

完成した鎌ケ谷スタジアムを見たとき、僕は驚きました。若い選手は、こんなところで二四時間、野球中心の生活を送れるのか。これは強くなるなあ、と思いました。

当時、僕は一軍にいて、ローテーションで投げさせてもらっていたんですが、「すばらしい施設だけれど、ここで練習する選手にならないよう、一軍で頑張らなければいけないんだな」と思ったことを覚えています。

鎌ケ谷の球場ができたのが一九九七年三月で、その年の秋、ファイターズはイースタン・リーグで圧倒的な勝利を勝ち取りました。そして二〇〇六年の日本一となって花開きます。

そこには、鎌ケ谷元年から自分を磨いてきた選手たちがたくさんいました。二軍にいた選手たちが一軍選手となり、北海道移転というタイミングを迎え、あらゆる後押しがあって日本一に輝くチームになったということです。

施設の充実が何をもたらすかということが、先見の明でわかっていたかのようでした。日本ハムという会社は、選手をきちっと育成します。ドラフト一位の選手たちも、期待通りに伸びていきました。育成の基礎として、鎌ケ谷の環境が整ったことは大きかったと思います。

鎌ケ谷の施設は、日本で最大級の室内練習場をはじめ、宿泊施設、お風呂、サウナ、トレーナールームも充実し、衛生面でもよく管理されています。ロッカールームの広さも十分、寮生の部屋は一人一室で、疲れがしっかり取れるようになっています。

僕が入団した頃の球団は、壮大な合宿所移転計画に基づいて、まさに千葉で土地買収に動いている頃でした。先頭に立っていたのは元日本ハムファイターズ監督の親分こと大沢啓二さんで、交渉の場にも実際に出ていって話し合いを重ねられたそうです。

野球人として、これだけの施設が必要だと信じた大沢さん、それを理解した創業オーナーの大社義規さん。そしてファイターズグループが全力を尽くしてくれました。

北海道移転当時、試合は札幌ドームでできるものの、いい練習場がなかったんですよ。そこでファイターズは、鎌ケ谷と同じ規模の室内練習施設を、札幌にゴーンと建てたんです。宿泊施設もトレーニングルームも鎌ケ谷と同程度、もしくはそれ以上に完備していま す。

施設の充実が選手を強くするということを、ファイターズは知っていたんですね。

北海道へ行って十分に練習できるのか、ということは選手たちのいちばんの不安だったのですが、球団は十分にパフォーマンスが発揮できる施設を建設して、約束を果たしました。

一軍、二軍とも、ファイターズがかけた金額の大きさは大変なものだと思いますね。鎌ヶ谷のファイターズタウンは、地域密着という意味でも、大きな役割を果たしています。東京のファンも含めて地域の人たちに楽しんでもらえるように、いろんなイベントがありますし、選手たちもこうした催しによって育てられます。

彼らもやがて一軍で脚光を浴びるときが来るのですから、ただ汗まみれの泥臭いイメージではいけません。花形選手としてファンに応えるためにも、ファンサービスを学んでおかなければなりません。

球団はサイン会や握手会など交流の場をもうけることで、若い選手にファンを意識させていったと思います。この体験が、やがて札幌ドームで生きてくるのです。同じように喜んでくれるファンが、規模の違う大群衆となって来てくれるのですから。

そこでも自然な対応ができるようにと、教育の一環でもあると思います。

いちばん感動的なのは、鎌ヶ谷には二軍のファンの人たちがいてくれることです。ここで頑張って、早く北海道へ行けよと、どんどん背中を押してくれる、温かい人たちが大勢いる。二軍にいた選手たちは、その人たちのことを忘れないと思います。

ファームの寮長の最期のひと言

二〇〇五年から鎌ヶ谷の勇翔寮の寮長をされていた菅野光夫さん、僕はこの方の名前をみなさんにぜひとも覚えていてほしい、と思っています。

「憧れの北海道、ドーム球場に行くんだぞ」と頑張っている選手たちを、しっかり陰で支えてくれたのが菅野寮長でした。

二軍の選手たちは、一軍に上がりたいという欲が出てくると、夜中でも突然、練習を始めることがあります。プレーについて何かひらめくんですよ。

そうなると、鎌ヶ谷はいいところなんです。夜中に室内練習場の電気をつけようが、カーンカーンとバッティングの練習をしようが、周りは梨畑ですから迷惑をかけることもなく、二四時間野球に没頭できます。

しかし集団生活の中で、夜中に部屋を空けて練習する選手ばかりでは、セキュリティーが問題になりますよね。電気の管理もあるし、夜は施錠しなければなりません。

菅野さんは、そういうことすべてに対応しながら、二四時間、選手とともに過ごしました。夜中にバチバチ電気をつけて、カンカン打っている若者たち。

彼らをしっかりと見守っていてくれたのが、菅野寮長でした。

菅野さんは、一九八一年の日本ハムリーグ優勝のときには内野手として活躍されて、優勝の立役者になった選手の一人でした。オールスターにも選ばれたことがある方です。

僕が一九八九年のドラフトで指名され日本ハムに入団したとき、菅野さんは二軍のトレーニングコーチをされていました。それ以前は守備コーチ、その後は一軍の守備コーチと、いろんなコーチ業をされていて、大変人望の厚い方でした。とくに若い選手たちが、菅野さん、菅野さんと親しんでいましたね。

高卒の若い選手たちは、まず二軍でスタートして、プロ野球の厳しさを肌で感じていきます。そして春の終わり頃には、少しホームシックになっています。

ちょうどそんな折、二軍のコーチをされていた菅野さんは、よく彼らに声をかけて横浜の中華街へご飯を食べに連れていってくれました。

「どうだ、ひと月、ふた月プロの世界でやってみて、何を感じた?」と気さくに問いかけて、胸のつかえをとるような時間を提供してくれたんですね。僕もご馳走《ちそう》になりましたし、次の年の高卒ルーキーたちもみんな、菅野さんから同じ時間をもらっていました。

そんなコーチだった菅野さんに、鎌ケ谷の寮長という役割が回ってきました。

二軍のコーチが非常に長かった菅野さんですから、二軍の選手たちが技術的、精神的な壁にぶつかっているところを、すごくよく見ておられたと思うんです。

その方がユニフォームを脱いで寮長として彼らを見るようになったのですから、菅野さんには、選手のすべてがいっそう鮮明に見えていたと思います。

選手に、「おまえ、今こういうことを考えてないか?」というような問いかけをよくされていました。兄貴分でもなく親父《おやじ》的でもない、不思議な存在として菅野寮長がそこにいたんですよ。あのヤンチャな青年、ダルビッシュ有が入ってきたときに、愛をもって包むタイプの頼もしい教育係として、菅野さんの名前が挙がったのを覚えています。

ダルビッシュが一軍でめざましい成果を挙げたとき、彼は「この勝利、菅野さんに報告したいです」と言ったんですよ。

陽岱鋼も二〇〇五年のドラフト指名で、菅野さんに面倒をみてもらった一人です。日本の高校に一人で留学していたこと、多感な時期には辛さもあったと思うんですね。菅野さんはきっと、声をかけていたと思います。

陽岱鋼は背番号1を強く希望して、今年から背番号1を背負うことになりましたが、ファイターズの背番号1は菅野さんの背番号でもあったんですよ。歴史の繋がりを感じます。

また菅野さんは行動力のある方で、選手が「こんな練習をしたいです」と言うと、寮長なのにマシンのセッティングを手伝ったりしていました。ガンガン打っている選手の横に立って、「いいバッティングだね」と声をかけたりしていました。コーチの経験者だけに、きっといいアドバイスをされたのではないでしょうか。

夜間練習などで、寮長と長い時間を過ごした選手はたくさんいたと思います。

二〇〇五年からの寮長ですから、北海道に移転して、これからというときに、二軍を支えてくれたことになります。グラウンドでは監督やコーチが汗を流して指導してくれますが、選手が「ああ、疲れた」と帰ってきたとき、「はい、お疲れさん」と迎えてくれるのは寮長なんです。若い選手にとっては大事な存在でした。

高卒のドラフトの場合は二軍スタートが多く、二軍の中で、技術がアップするよう、心が折れないようにと頑張り抜いて、ようやく一軍に上がっていきます。とくにファイターズでは二軍での選手育成の役割が大変重要ですから、今のファイターズの基礎づくりの根幹をつくったのが二軍の合宿所の寮長、菅野光夫さんだと言う人さえいます。

これまでの各寮長さんも、みんないい人ばかりでした。寮長とは、選手に大きな影響を与える存在なんです。その温かみを受けて、みんな羽ばたいていきますからね。

そんな菅野さんが亡くなったのは、二〇〇七年のことでした。

一月の健康診断でよくない徴候が出て、二月に検査したら直腸にがんらしきものがあると言われて、三月に再検査、その直後の三月二二日に直腸がんで亡くなったのです。

あまりにも早いがんの進行でした。

僕はお葬式のときに奥様に、「菅野さんにはお世話になりました。入団したときには、心のケアまでしていただきました」とご挨拶したのですが、奥様が「岩本さんのことは、よく家でも話していましたよ」と言われたんですね。

それを聞いて僕は、「ああ、菅野さんは家へ帰っても僕たちのことが頭にあって、家族の方に話しておられたんだなあ」と思いました。

そして奥様が、「入院中にこんなことがあったんですよ」と話してくださったことがあります。二月のキャンプが終わって、若い選手たちが合宿所に帰ってくるというとき、菅野さんは、どうしても選手たちを迎えなければならないからと、病室のベッドを出て鎌ケ谷へ行こうとされた。体調は悪く、もちろん医師の許可が出るはずもありません。

奥様もお子さんたちも「それはやめて」と止めましたが、「選手たちに、ご苦労さん、シーズンが始まるから頑張れよ、と声をかけなければいけないんだ、俺は」と、聞き入れようとされなくて大変だったそうです。

どうしても俺が励まさなければならないと、心底から選手たちのことを心配されていたんでしょう。なんと使命感の強い人だったのかと思いました。

使命感と言うよりも、愛だったのでしょうね。

僕はそのお話を聞いて、涙が止まりませんでした。

球団にも、菅野さんの情熱とファイターズへの愛は伝わっていました。会社から奥様に、「葬儀はすべて会社が社葬として行わさせていただきます。最後はしっかりと見送ってあげましょう」という言葉があったと聞きました。

菅野さんは、野球のトップを目指して上昇しようとする二軍の若者たちの燃える思いが、その苦しみや辛さも含めて、誰よりもわかっていたと思います。選手たちにもそれが感じられるからこそ、あんなにも菅野さんを慕っていたのでしょう。

まさにファイターズの人を育てることの見本のような方が菅野光夫さんだったのです。

終章

〝ファミリー〟が常勝チームをつくった

「家族のみなさん」の真意

二〇一二年のシーズン、北海道日本ハムファイターズの優勝か否かがかかっていた一〇月二日、栗山英樹監督は、選手たちと一緒に札幌ドームのオーロラビジョンでロッテ対西武戦を見守っていました。

開放されたドームに詰めかけた一万五〇〇〇人のファンたちも息を殺して見つめる中、見事ファイターズの優勝が決定。その瞬間、どっと歓呼の声が湧《わ》き起こり、ファンたちは熱狂しました。そして、勝利の胴上げに続いて優勝インタビューとなったとき、栗山監督はこう言ったのです。

「ファンのみなさん、いや、家族のみなさん。北海道が一番になりました！」

その言葉には、大きな意味が込められていたと思います。

栗山さんは長い間、スポーツキャスターとして外から日本ハムを見てきました。でも実際にユニフォームを着てグラウンドに立ち、選手とともに血眼《ちまなこ》になって頑張る監督という立場に立ってみると、改めてファンの人たちへの感謝の念が湧き上がったのでしょう。

でもそれだけではなく、長年の日本ハムの歴史を含めて、ある〝意味〟を込めての、象徴的な言葉だったと思っています。

僕もそうでしたが、おそらく、栗山監督はファイターズの一員としてフロントや本社の人たちと接していかれるうちに、日本ハムという組織全体が、すごく家族感の強い集団であると感じられたと思うんです。野球以外の分野も含めて、「同じ釜《かま》の飯を食う」という意識で結ばれている。そして、それがどれだけの絆《きずな》を生み、力強い大きな束になるかということを、日常的に実感されたと思うんですね。

名前のご縁で、北海道の栗山町の方々と家族づき合いをされている栗山監督でもあり、就任以来、そのような〝ファミリー〟という意味を強く認識された栗山さんが、優勝の感動と感謝をあの一言で表現されたのだと思いました。

ファイターズファンの気持ちに、監督の人柄がぱっと伝わった瞬間でもありました。

ファミリー意識の浸透

監督が意識されたであろう〝ファミリー〟という考えについては、日本ハムグループの創始者、大社義規さんの考え方が大きく影響していると思います。後継の人たちにも受け継がれている温かい家族感覚は、僕自身が折にふれて感じてきたことでした。

僕は縁あって日本ハムファイターズで一六年間、選手としてプレーさせてもらいました。その間、いろんなイベントやプライベートで本社の人たちとおつき合いがあったわけですが、現役が終わってからも「今度、本社でこういうイベントがあるんだよ。OBとして顔を出してくれないか?」とお誘いをいただいたんです。

僕はそこでいろんな社会勉強をさせてもらいながら、日本ハム本社と仕事のつき合いがある他社の方々とも知り合いました。その人たちが、「こんなに人の心を重んじる会社はほかにない」と口をそろえて言われるんですよ。

実際、社員の方も役員の方も、「一緒に働き生活するということは、その人の家族も一緒にいるということ」という意識を強く持っておられる。そんな考え方へと導かれたいちばんの牽引役が、創業者の大社義規さんでした。

社内では〝大オーナー〟と呼ばれている故大社社長の思い出話は、本社の方々の会話の中によく出てきます。そのお話によると、社長は入社間もない社員に対しても、盆や正月に顔を合わせると、「君らのお父ちゃん、お母ちゃんは元気か。家族は元気にしてるのか。

この正月はどうだ、ちゃんと過ごせるのか？」と聞かれたそうです。

そして不況の真っ只中でも、「正月、しっかり過ごせるのか。ハムをこれだけ持っていきなさい」とお土産《みやげ》を渡されることもあったそうです。

社員の家族のことを気にかけ、その家族とともに会社を育てていくんだ、という意識がとても強い人でした。

そんな大オーナーの精神的DNAが、本社、グループ会社、そして球団にまでもしっかり伝わっているのだと、僕は思うんですね。

本社の役員や社員の方々が大社義規さんのことを話されるのを聞きますと、もはや尊敬の念を超えて崇拝されているんだな、と感じさせられます。

ただ社長だから、オーナーだからという尊敬ではなく、「こんなときにこんな声をかけてもらった」とか、「苦労しているときに手を差し伸べてくれた」というように、必ず具体的なエピソードを言われるんですよ。そんな昔の思い出を、みなさんが持っているんですね。

そんな温情ある社主だったからこそ、この会社は日本一の食品加工メーカーになった。そして世界でも有数の大きな組織になったのだな、と思います。

僕は現役を引退後に先代の思い出話をよく聞くようになったので、なおさら「そうだったのか」と思い当たることがありました。そんな基本精神がある優良企業だから、抱えている野球チームが強くなったんやなあ、とほんとに思ったんですよ。

大沢親分の温かいひと言

僕のファイターズへの入団発表のとき、スカウトの方々や球団の代表、社長、監督、コーチの方々が出席される中、僕の両親と弟も挨拶《あいさつ》をしました。みなさんはそのときの家族のことをしっかり覚えておられて、入団して、その方々と久しぶりにお会いするたびに、「お父ちゃん、お母ちゃん、ご家族はみんな大阪で元気にされてる?」というような言葉を、ほんとによくかけてくれたんですね。

若い頃は、それが社会人として当たり前の大人の気遣いなのかな、と思っていました。でもその当たり前のことが、当たり前として口に出せないのが今の世の中じゃないですか。寂しい人間関係も見えてきたこの時代に、ずっと、「お父ちゃん、お母ちゃん元気?」と聞いてくれて、「あのときはこうだったねえ」と思い出話もしてくれる。

なんとも言えない温かさを感じますね。そんな会話を交わしながら、自然に身内感覚になっている選手・岩本がいたんですよ。

僕が入団した頃、今はGMの山田正雄さんもスカウトをされていて、同年代であるうちの両親といろいろ話をされたんです。山田さんは今でも「お父さん、元気にされてるの?」と聞いてくださるし、そういう会話ができる方は他にもたくさんいます。

立場とか役割で言ってくれるのではなく、人の心と心の会話ができる人たちがすごく多いと思います。

以前、ファイターズの監督をされていた大沢啓二さんも、そんなお人柄の方でした。

僕がファイターズ入りする頃、大沢さんは球団の常務取締役をされていて、スカウトの方と一緒に僕の家へ来てくださいました。

そのとき大沢さんは、父親に「お宅の息子さんを、この大沢に預けてくれませんか。野球選手として、しっかり成長するよう導きたいんです」と言ってくださったんです。

それを聞いた両親は感動して、「大沢さんにお任せします」と言いました。僕は、その姿を目の前で見ていました。

大沢さんは言葉通りに、ずっと責任を持ち続けてくださったんですね。

初めて先発ピッチャーとして一軍のマウンドに名前を挙げてくれたのも大沢さんです。数年後、僕は怪我をして長い間、戦線から離脱していた時期がありました。その七二〇日以上の空白の後、東京ドームで数年ぶりに勝ち星を挙げました。翌日、球場で、勇退された大沢さんの姿を見つけたんですよ。

久しぶりに大沢さんに会えたので、僕は喜んで声をかけました。

「大沢さん。お久しぶりです。大沢さん、今日はなんのお仕事ですか？」

そしたら、一喝を食らいました。

「ばかもん、おまえに会いにきたんじゃあ」と。

そんな、涙があふれ出るようなハートを持っている方が、まるで当たり前のように、身の回りにいてくれたんですね。

そのとき大沢さんは、「ちゃんと両親に報告したのか？　お父ちゃんは元気か」と言ってくれました。

岩井隆之さんという大分県出身のスカウトの方は、うちの両親が大分県出身だということをずっと覚えていてくれて、今でも「時々は大分に帰ってるの？」と声をかけられます。

そんなふうに、普通の会話の中で家族の話をしてくれるのが、この会社の特徴です。

温かみのある会社はいくつもあるでしょうが、ごく自然に照れることもなく、「頑張れよ、お父ちゃん、お母ちゃんは？」と言える会社はほかにないのでは、と思っています。

工場で流れた実況中継

今でこそ野球の途中経過は、ＣＳ放送等々いろんな端末で確認できますが、一九八一年に優勝争いをしていた当時は、日本ハムの工場内にラジオ放送を流していたのだそうです。でもラジオでは行き届かないところがあるので、誰かが経過を電話で確認しながら、工場の館内放送で流していました。

「ファイターズが何点リード！」と放送されたときは、工場全体が「うわぁ！」と沸いたそうです。その話を聞いたとき、僕は涙がこみ上げましたね。

たしかに最初、日本ハムは自社の知名度を上げるために、宣伝目的で球団を買ったのかもしれません。でもいつしか、そこに愛情も絆も生まれてきていたんですね。

ほんとに、家族のように応援してくれる人たちがそこにいてくれました。

また徳島では夏、全国的に有名な阿波踊りのイベントがあって、僕は西原耕一さんという本社の方に声をかけてもらって参加しています。

徳島には日本ハム徳島工場という大きな工場があって、地域といい関係を築きながら、町おこしにも積極的に参加しています。僕はその会場に行って、

「日本ハムファイターズOBの岩本です。今後ともよろしくお願いします。みなさん、阿波踊り大いに盛り上がっていきましょう！」

と挨拶して、みんなと一緒に阿波踊りを踊るんです。

もともと日本ハムは徳島ハムがルーツなので、徳島の方々は、郷土からスタートしたファイターズとしてリスペクトしてくださっているようです。徳島の人たちはわかっていて、「おう、ファイターズ、いいぞ！」って感じで大歓声を送ってくれるんです。

全国から見にきている方々も、「日本ハム、なんでこんなに盛り上がってるの？」と不思議そうな顔をしながらも、一緒に盛り上がってくれます。

地元の徳島新聞はそんな様子をずっと見てきて、いきさつも知っていますから、取り上げ方も大きいんですよ。徳島新聞の方は、「日本ハムさんは地域振興にすごく協力的ですね。こんな大会社の人たちが徳島のこの町にこれほど尽力してくれるなんて、不思議な気さえします。新聞屋としては、そのことを世の中にちゃんと伝えようと思っているんです

よ」と言ってくれます。

一見、関連がなさそうに見えても、こうした一つひとつの気配りが、本社の機動力になっていくと思うんですよ。

東京から北海道への苦労

日本ハムファイターズは東京時代、成績が低迷してずっと苦しんできました。しかし北海道で再出発しようとなったとき、ファイターズはどうあるべきかを本気で考え抜きました。

北海道へ来て一〇年目と言いますが、会社としては移転準備時期も含めて一一年、一二年の苦労があったわけです。

今や大きな成果を生みつつあり、北海道に根づいたという声が出ていますが、僕としては、まだまだ根づく途上にあり、やるべきことが残っているチームだと思っています。

東京での二十何年間、ファイターズは成績も上がらず、苦難の連続でした。後楽園のときには優勝していますが、東京ドームになってからはまるっきりで、優勝争いはするものの、最後にもうひとつ勝てなかった。新聞を見ると、ファイターズはいつも五位あたりをウロウロといった塩梅《あんばい》でした。しかし、その後、北海道で花開くことになります。

最初、球団スタッフの多くの人々にとって、北海道は雪のイメージしかない土地だったと思います。右も左もまったくわからない。その土地に行って野球チームを立ち上げるとなれば、協力者がいなくては絶対に無理ですよね。いろんな企業さんに頭を下げて賛同を求め、協力してくれる方々が増えてきて、ようやくチームが成り立っていきます。

僕は当初から協力をお願いする場に行っていたので、その辺の事情を見聞きしてきました。ファイターズは食肉の会社ですから、北海道にたくさんある牧場や、スーパーなど販売店側には、かなりのパイプを持っていました。しかし球団となると、「スポンサーになってください」と言われた企業さんは、一瞬退いてしまいますよね。

それでも信念を伝えて、「ともに戦ってくれませんか?」とお願いするわけです。スタッフの辛抱強い説得で、「じゃあ、やってみようか」となれば、やっと一歩前進です。結局は、必死で伝えた言葉と心が、相手の心を動かしたことになります。

そうこうするうちに、家族のような親愛感を持ってくれる人たちが増えて、だからこそチームは強くなれました。チームの活躍がめざましければ、ファンの人たちもその喜びに参加したくなる。どんどん球場に来てくれるようになり、ファイターズの情報を知りたい人が増え、ファンクラブにも入ってくれるようになりました。

ファイターズは新天地での開拓にあたり、心をさらけ出すようにして、本音で協力企業や団体さんにお願いしたと思っています。そこに理解が生まれ、頼まれた方々も、ほんとに誠心誠意、支援してくださるようになりました。

これまでもなんとなく、「ファミリー企業だなあ」という感じで見ていたのでしょうが、直接接するようになって、その家族的なところがさらにはっきり見えてきた。家族意識はファンの方々にも伝わって、みなさんがその気持ちを楽しんでくれるようになりました。

二万そこそこだったファンクラブの会員が、今では一〇万を超えたと言いますから。

DNAが花咲いた

北海道に移転してからの、藤井前社長の指揮も大きかったと思います。まずファンありき、と気づかれて、ファンの目線、ファンの気持ちを考えて企画が立てられるようになりました。そうなればフロントの考え方も進化し、選手もファンの喜ぶ様子を見て協力的になります。そしてますます、ファミリー感覚の親しさが広がっていきました。

そんな長い間の努力が積み重なってファイターズファミリーの歴史となり、栗山監督の「ファンのみなさん、いや、家族のみなさん」という言葉に繋がっていったと思います。

照れもせず自然にそう言われて、聞いている人たちが「ああ、ほんまやわ」と思えたのは、ファミリーを大切にしてきた長い時間が、ルーツとしてあったからだと思います。

もし、ファイターズのDNAなくして言われた言葉だったら、「栗山監督、うまいこと言うなあ」となったかもしれない。

でも〝家族が大事〟の精神が脈々と続いてきていますから、「栗山さん、やっぱりええこと言うわ」という声になったんでしょうね。

北海道に移ったときの社長が今村純二さんで、藤井純一さん、津田敏一さんと替わりましたが、野球家族をつくっていこうという、野球への情熱は変わりません。

こうしてファミリーという感覚が深まっていく中で、選手とファンの関係も成熟してきました。

最近の応援にはヤジも飛ぶようになったとお話ししましたが、それも家族愛の表れでしょう。

家族は不思議なもので、親子や兄弟、前の晩に大喧嘩《げんか》をしていても、翌朝の食卓ではケロリとして、「醤油《しょうゆ》取って」なんて言ってるじゃないですか。ファンが選手を家族のように思い始めたからこそ、少々のヤジも出るというものです。

大谷選手の心を動かしたのも、ファイターズの人たちが無意識のうちにかもし出した、この家族感覚ではなかったか、と僕は思っています。

だからファイターズは、周りがみんな、難しい、無謀だとさえ思った相手のところへ臆せずにうかがって、その選手をちゃんと入団させている。さらにしっかり育っていくという、理想的な球団になってきましたね。

ファミリー型チームの原点

「ファミリー」の言葉通り、日本ハムの球場には選手の家族のためのファミリーボックスがあります。家族連れで観戦できるシートがあり、控え室もあります。今は各チームが当たり前にファミリーサロンを設けたりしていますが、これもファイターズが東京ドーム時代に最初に始めたことでした。

選手の食生活を支える栄養や食事管理を学んでもらおうということで、各選手の奥さんや婚約者を集めて食事会を開催していましたが、それも大沢さんが球界で最初に考え出したことでした。

大沢さんは、選手の精神を安定させるという点でも、よく考えてくれていました。

選手が遠く離れたキャンプに行っていると、家族は寂しいし、選手にもストレスがたまります。

そこで大沢さんは、キャンプの中盤の休日には、選手が家族や彼女を呼んでもいい、ということにしました。独身の選手たちは、近くのリゾートホテルに彼女と泊まってもいい、ただし連絡先だけはマネージャーに伝えておくように、と。

キャンプ中に「家族を呼びなさい」と言ったのも、一二球団でいちばん早かったと思います。内々にはあったでしょうが、ファイターズはオープンにしたので、最初は結構話題になりました。

でも考えてみれば、家族を呼ぶのは人間としてごく自然なことですよね。

当時、きれいなリゾートホテルがあって、球団に協力してくれました。一泊三万も四万もするのに特別価格で泊めてくれて、家族は大喜びでしたね。そんなところでいい時間を過ごせば、「明日からも頑張ってね！」となります。

選手と家族の心の安定に、とても役立ったと思います。

球場には、選手たちに厳しい声をかける大沢さんがいました。でも、家で選手をケアしてくれている家族を、大事にしてくれたのも大沢さんでした。球団もそれを理解して、家族サービスはチームの方針として定着していきました。

今は、我慢、我慢のスパルタ主義は通用しません。豊かなリフレッシュがあってこそ士気が上がるのが当然で、それが時代にマッチしたやり方です。

でも当時は、日本ハムがパイオニアだったんですね。もし大沢さんが決断していなかったら、いまだに旧来の考え方が残って、「職場に家族が来るって、どういうことや！」なんて文句を言う人がいたかもしれません。今はもう、キャンプ地である名護の球場に選手の家族が来ているのは当たり前のことになりました。

そういうところが、選手を上手に育てることにも繋がっているのでしょう。

無理やりに抱え込まれては反発がつのります。寛容もあり、気晴らしがあってこそ、人は頑張れるもの。

そんな環境の中でチームの人たちとコンタクトをとるうちに、自然に親しみが湧いてきて、いつの間にか身近な存在になっていくのです。

つまり北海道日本ハムファイターズという球団は、〝ファミリー型チーム〟なんです。その理由は、母体である本社に「家族を大切にする」というコンセプトが生まれ、それがDNAとして連綿と続いてきたからです。

僕は選手時代、その温かさを当たり前のように思って時間を過ごしてきましたが、現役を退いて違う社会を見たときに、あれはなんとすばらしい集団だったのだろうと、初めて気づかされました。どの人にも相手を重んじる気持ちがあり、リスペクトし合う人たちがいたんだ、と改めて感じたんです。

それはすべて、創業オーナー大社義規さんの心の温かさを受け継いだ人たちが、どんどん増えていったからだ、と僕は言いたいんですよね。

同じように思う人がお互いに近づきになり、心地よい輪が周囲に広がり、やがて集団のカラーになっていきました。

とりわけ創業者を知る世代の本社の方々は、あの勝利の言葉に深く感動されたと聞きました。運動会で、わが子が力いっぱい走るのを見ただけで、親は涙が出ますよね。そんな心境で見守っていた人たちが、実際にいるということです。

別に教訓でもなんでもなく、ただ創業者が「家族を大事にして、仲よく生きるのが一番だよ」という気持ちを持ち、実践もされていた。

それが企業の中にずっと残り、いつの間にか太陽の光のように、球団という芽を育てていった。

陽光が暖かく人の心を動かし、それが強さを生んでいったのは、なんとすばらしいことでしょうか。

キーワードは〝ファミリー〟でした。

本書は書き下ろしです。

岩本勉（いわもと　つとむ）
プロ野球解説者・元北海道日本ハムファイターズ。1971年大阪府生まれ。大阪・阪南大高から90年ドラフト2位で日本ハムファイターズ（現北海道日本ハムファイターズ）に入団。98年から2年連続2ケタ勝利を挙げ、人気・実力ともにエースとして活躍。その明るいキャラクターから「ガンちゃん」の愛称で多くのファンに愛され、ヒーローインタビューでの「まいど！」は、スタンドの観客を大いに沸かせた。2005年シーズン終了後、16年におよぶ選手生活に別れを告げた。その後、プロ野球解説者・コメンテーターとしてテレビ・ラジオなどで活躍を続けている。

協力　ホリプロ出版プロジェクト

人《ひと》を育《そだ》てるファイターズの秘密《ひみつ》
ガンちゃんだけが知《し》っている本当《ほんとう》の理由《りゆう》

2013年3月30日　第1刷発行

著　者　岩本《いわもと》 勉《つとむ》
発行者　市川裕一
発行所　朝日新聞出版
〒104－8011　東京都中央区築地5－3－2
電話　03－5541－8832（編集）
03－5540－7793（販売）
印刷製本　株式会社 廣済堂

ISBN978-4-02-251065-5
定価はカバーに表示してあります

落丁・乱丁の場合は弊社業務部（電話03－5540－7800）へご連絡ください。
送料弊社負担にてお取り替えいたします。

岩本勉（いわもと　つとむ）
プロ野球解説者・元北海道日本ハムファイターズ。1971年大阪府生まれ。大阪・阪南大高から90年ドラフト2位で日本ハムファイターズ（現北海道日本ハムファイターズ）に入団。98年から2年連続2ケタ勝利を挙げ、人気・実力ともにエースとして活躍。その明るいキャラクターから「ガンちゃん」の愛称で多くのファンに愛され、ヒーローインタビューでの「まいど！」は、スタンドの観客を大いに沸かせた。2005年シーズン終了後、16年におよぶ選手生活に別れを告げた。その後、プロ野球解説者・コメンテーターとしてテレビ・ラジオなどで活躍を続けている。

協力　ホリプロ出版プロジェクト

人《ひと》を育《そだ》てるファイターズの秘密《ひみつ》
ガンちゃんだけが知《し》っている本当《ほんとう》の理由《りゆう》

2013年3月30日　第1刷発行

著　者　岩本《いわもと》　勉《つとむ》
発行者　市川裕一
発行所　朝日新聞出版
〒104－8011　東京都中央区築地5－3－2
電話　03－5541－8832（編集）
　　　03－5540－7793（販売）
印刷製本　株式会社 廣済堂

ISBN978-4-02-251065-5
定価はカバーに表示してあります

落丁・乱丁の場合は弊社業務部（電話03－5540－7800）へご連絡ください。
送料弊社負担にてお取り替えいたします。